すごいプレゼン™代表 プレゼンコーチ
松永俊彦

感動させて → 行動させる

エモい プレゼン

すばる舎

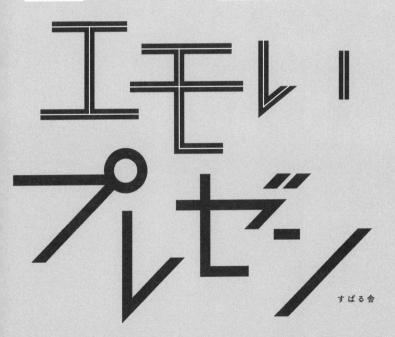

はじめに　人は結局、感情で動く

この本を手にとったあなたは、ビジネスや私生活で、何かしらのプレゼンテーション（以下「プレゼン」と略）を行う必要に迫られているのでしょうか？　あるいは、プレゼンについて興味を持っている方でしょうか？

そんなあなたに、ひとつ質問です。

プレゼンの「目的」とは何でしょう？

一度、本から視線を外して考えてみてください。

おや？　ちゃんと考えましたか？

全然、まったく、少しも疑っているわけではありませんが、自分なりの答えを考えてから読み進めてくださいね（笑）。そして、言葉にしてみてください。

「プレゼンの『目的』は、〇〇〇〇です」と。

それでは答え合わせです。

と言っても、これについては唯一無二の解答があるわけではありませんので、あくまで、私が考えるプレゼンの「目的」です。

私が考えるプレゼンの「目的」は、**相手に行動してもらうこと**。


たとえば私が、車の販売をしている営業マンだとしましょう。見込み客に対して、熱いプレゼンを行ったとします。

その結果、見込み客が「なるほど、それはすごい車ですね！　さすがプロ、商品知識も豊富で素晴らしいです！」と褒めてくれたとしても、それだけでは意味がありません。

なぜなら、この場面でのプレゼンの目的は、あくまでもお客に行動してもらうこと、すなわち「車を買ってもらうこと」だからです。どれだけプレゼンの技術を褒めてもらっても、それだけでは全然、意味がありません。

同じように、みなさんのプレゼンにおいても、多くのケースで相手を行動させることが目的になっているはずです。何かを買ってもらったり、何かをしてもらったり……。すぐに行動につながるわけではない場合も、相手が後々、自分に対して好意的な行動をしてくれるのを期待して、プレゼンを行うのではないでしょうか？

すべてのプレゼンの「目的」は、相手に行動してもらうことである。

本書ではこの前提に立って、その目的達成にもっとも有効と考えられるプレゼンの技術を伝えていきます。

なお、本書におけるプレゼンの定義は、「相手に自分の考えを伝え、納得し、行動してもらうための行為すべて」です。

一般的なプレゼンのイメージである、大勢の聞き手を前にスライドを使用して話をする行為はもちろんプレゼンです。営業もプレゼンです。会議で自分の意見を伝える行為もプレゼンですし、休日の旅行は札幌に行きたいと家族に伝える行為もプレゼンです。

生活のさまざまな場面でプレゼンスキルが必要とされており、このスキルを身につけることができれば、多くの場面で自分の希望をもっととおせるようになるのです。

では早速ですが、**どうすれば相手は行動してくれる**のでしょうか？

先ほどの例で言えば、どうすれば、見込み客は車を買ってくれるのでしょう？

このとき、相手を無理に行動させようとするのは素人です。

相手を動かそうと必死になると、話し手は説得をはじめます。

「ほかの車種と比べて燃費がいいですよ」「ほかのお店より値引きしますよ」「アフターフォローには自信があります」「いまなら、無料でオプションをつけられます！」などなど……。

こうした説得で相手が行動してくれることも、ときにはありますが、確率はそれほど高くありません。

人は、他人に説得されても、行動を強制されているような気がしてなかなか動かないものだからです。

自分の行動の選択肢を制限されないよう、むしろ貝のようにディフェンスを固めてしまうこともあります。

では、どうすれば動くのか？

自分で納得したときに、はじめて動きます。

この場合には、自分で行動を選択している感覚がありますから、自発的に、喜んで動いてくれます。

ならば、相手を納得させるには、一体どうしたらいいのでしょう？

そのためのもっとも効果的かつ効率的な方法が、感情に訴えかけるエモーショナルなアプローチ、つまり「エモいプレゼン」です。

ほとんどの聞き手は、話し手が正しいことを言っているかどうか、理屈（ロジック）ではなく、「好きか嫌いか」「ワクワクするかしないか」といった、極めてシンプルな感情（エモーション）で最初の意思決定を行っています。

商品やサービスのテレビCMを見て、理由はわからないけれど感覚的に「いいな」と思ってしまったことがあなたにもありませんか？　そして、そうした好意を抱いた商品を、そのあとつい買ってしまう、という経験が誰しもあるはずです。

なぜ、その商品やサービスがいいのか、用意されている理屈（ロジック）で判断していると思っていても、実は最初の時点でエモーショナルな好意を抱いていて、自分から「行動すべき理由」を探していることが圧倒的に多いのです。

そして当然、そういう相手は、納得して自発的に行動してくれます。

・プレゼンの目的は、聞き手に行動してもらうこと
・聞き手に行動してもらうためには、エモーショナルなアプローチが有効である

実は、多くのプレゼンテーターがこの2点を外しています。

プレゼンの目的は「上手に伝えること」であると考えてしまい、必死で話す練習をします。

そして、正論を伝えれば相手は動くと信じて、あらゆるトークテクニックを駆使して相手を説得しようとかかります。

しかし、残念ながらそれでは聞き手は動かず、プレゼンの目的は果たせないのです。

順番が重要です。

先に感情、あとから理屈です。

その逆では、相手は動いてくれません。

そして、ここが逆説的で面白いところなのですが、**人の感情は、極めてロジカルに動かせます。**

相手の感情を高ぶらせるエモいプレゼンをするのに、話し手には、高度な話術や、生まれ

本書全体の地図

プレゼン当日までの流れ	本書を通じてできるようになりたいこと	該当する章
台本準備	聞き手の心をつかむプレゼンコンテンツをつくりたい	第3章
	より高度なプレゼンスキルを知り、他のプレゼンテーターに差をつけたい	第4章
リハーサル	聞き手から「わかりやすい！」と言われるプレゼンのコツを知りたい	第5章
	プレゼン前のリハーサルで何をしておけばいいのか知りたい	第6章
プレゼン本番	聞き手を引き込む話し方・伝え方（デリバリー）を身につけたい	第1章
	当日、緊張せずに本番を迎えたい	第2章
	プレゼン当日の直前（前日～本番直前）までの時間を後悔のないように過ごしたい	第7章

ついての特徴的なキャラクターは必ずしも求められません。

もちろん話術があればより有利にはなりますが、話すことが苦手な人でも、一定のポイントさえ押さえれば、聞き手の感情を揺さぶるエモいプレゼンを実施できるのです。

本書では、そうしたポイントのうち、「これだけは！」というものを厳選して細かく解説しました（上図参照）。

第1章では、エモいプレゼンの大原則を3つ。

第2章では、緊張や不安、苦手意識な

どを消すための心構えを3つ。

第3章では、いよいよ実際にプレゼンを行う際のコツを、これまた3つ。

第4章では、7つの応用スキルを。

第5章では、「わ・か・り・や・す・い」プレゼンを行うためのポイントを6つ。

第6章では、聞き手の感情をさらに揺さぶるプレゼン中の動作を5つ。

最後の第7章では、直前準備のためのポイントを紹介しています。

私は現在、プレゼンコーチとして企業や学校組織の方たちに、独自に開発した**HPPM（High Performance Presentation Method：ハイパフォーマンス・プレゼンテーションメソッド）**という理論に基づいた、さまざまなプレゼンのノウハウを教えています。本書では、それらのノウハウを惜しみなくさらけ出しました。

聞き手を感動させて、行動させるエモいプレゼンを行う技術を、ぜひともあなたのものとしてください。

目次

第3章

3つのステップと基本テクニックを理解する

第4章

7つの応用テクニックで今日からあなたもエモいプレゼンテーター

第5章

「わかりやすい」話でしか人は感動しない

第6章

5つのアクションで感情を自由自在に揺さぶろう！

第7章 いよいよ本番！ 直前準備のポイントはこれ

第1章

エモいプレゼンを行うための三大原則

結婚式での両親への手紙はなぜあんなに感動するのか？

「お父さん、お母さん、いままで私を愛情いっぱいに育ててくれてありがとう。子供は親を選べないけれど、私はお父さんとお母さんの子に生まれて、本当によかったです」

エモいプレゼンのもっともわかりやすい例として、結婚式で新婦が読み上げる両親への手紙があります。

参列者全員が感動に包まれる、結婚式におけるひとつの山場、もっとも「エモい」シーンです。みなさんのなかにも、友人・知人や親戚の結婚式で、新婦による手紙の読み上げに泣いてしまった、という人は多いのではないでしょうか？

ちょっと無粋ですが、ここでは結婚式での両親への手紙が、なぜそれほど聞き手の感動を呼ぶのかを考えてみます。
基本要素は3つあります。

①聞き手の心の準備
②ストーリーの伝達
③感情的な伝え方

この3つは、エモいプレゼンを行うための大原則です。
この三大原則が守られていれば、そのプレゼンは聞き手の感情を揺さぶり、感動を呼ぶことができます。結婚式での両親への手紙はこの3つを守っているからこそ、参列者の涙を「効率的かつ効果的に」誘うのです。

当然ながら、あなたがエモいプレゼンを行う際にも、この三大原則を意識する必要があります。最初はここから、ひとつずつ解説していきましょう。

大原則1

「聞き手の心の準備」ができている

結婚式での両親への手紙は、目的が明確です。

「両親に感謝の言葉を伝え、これからも温かく見守ってくれるようにお願いする」ことが目的です。これを知らずに、新婦の話（プレゼン）を聞きはじめる参列者はいません。

仮に、「え、何？ 急に新婦が手紙を読みはじめたけど、これは誰への手紙なの？」という聞き手がいたとしたら、その参列者にとっては、両親への手紙がそれほど大きな感動を呼ぶことはありません。

状況をつかむためにエネルギーを使ってしまうため、プレゼンを聞くことや、その内容を感じることに集中できないからです。

逆に言うと、目的が事前に明確だからこそ、参列者は「いまから、彼女が感動的な話をするに違いない」という心理状態で、新婦のプレゼンを聞きはじめています。

これこそが、エモいプレゼンを実現させるための最初の大原則です。**聞き手側で、事前に「心の準備」ができているからこそ、その話の内容に対する集中力が高まる**ということです。

思い込みによる脳内補正も期待できる

この大原則には、たとえそのプレゼンが実際にはさほどいい話ではなかったとしても、事前に聞き手側で心の準備ができていれば、聞き手が受ける感動の総量が本来期待されるものより大きくなりやすい、という副次的な効果もあります。「きっと、これは感動的な話であるに違いない」という思い込みが発生し、それにより手紙の内容の脳内補正が行われるからです。

すでに「お約束」として共有されている目的から、どんな内容の話がされるのか、聞き手がある程度は事前に予想し、期待しています。だからこそ、実際にその期待に沿った話がされたとき、聞き手は満足し、エモーショナルに高い評価をくだします。

事前に相手と目的を共有し、心の準備をさせておくことで、より好意的な反応を得やすく

なるのです。

業務上のプレゼンでも準備が必要なのはまったく同じ

ビジネスでのプレゼンでも、この大原則が役立つのは同じです。

あなたが行うプレゼンの目的について、できれば事前に相手に告知する（目的の告知であって、話す内容の詳細まで告知する必要はありません）、あるいはプレゼンの冒頭であなたの目的を明確に話しておきます。

本題を切り出す前に、聞き手とプレゼンの目的を共有しておくのです。

そうすることによって、相手の心の準備が整い、あなたの話を集中して聞いてもらえるようになります。

さらには聞き手の期待や思い込みを誘発し、聞き手の脳内で、あなたの話をよりよい方向に勝手に補正してもらうことも期待できる、というわけです。

たとえば車の営業マンのプレゼンなら、「本日はせっかく足を運んでいただいたので、前半ではお客さまのお困りの点や要望を伺い、後半では、もし私どもに課題解決のお手伝いができそうであれば、ご提案をさせていただきます。お時間を30分ほどいただいてもよろしいですか？」などと、最初に自分の目的を共有します。

それにより、聞き手の側にもある意味で心の準備ができて、「いま、何の話をしているんだろう？」「いつ終わるのかな？」などと状況の把握にエネルギーを使うことがなくなり、少なくとも集中して話を聞いてもらう状況はつくれるはずです。

常に聞き手の「心の準備」ができているかどうかを意識し、話し手も聞き手も、目的が明確な状態になってから、はじめて話し出すことが、「エモいプレゼン」を行うための第一歩と言えます。

大原則2

プレゼンのなかに「ストーリーの伝達」がある

新婦の両親への手紙では、必ず**過去のストーリー（物語）**が出てきます。これによって聞き手に具体的なイメージを抱かせ、話に引き込んでいくからこそ、参列者が涙するエモいプレゼンを実現できます。

「お父さん。私が小学2年生のとき、お父さんが大切にしているグラスを割ってしまったことがありました。すると、お父さんは顔色を変えて、ものすごい勢いで私の身体を引き寄せ、『怪我はないか!!』と私の心配をしてくれました。

いまでも、あのときのお父さんの顔は忘れません。お母さんからもらった大切なグラスだったのに、ごめんね。

いつも私を第一に考えていてくれるお父さん。私は、お父さんの優しさをこの身にいっぱい受けてきたから、こんなに幸せな人生を送れています。……ありがとう」

たとえば、こうしたストーリー（物語）を聞いた聞き手は、新婦が小学2年生のときにお父さんのグラスを割ってしまった現場を、脳内で具体的に想像しながら、話し手のプレゼンを聞くことになります。

ストーリーを語ると、聞き手は自然に、話の内容についてフルカラーのイメージを頭のなかでつくり出し、そのときの雰囲気を感じ取ろうとするのです。

これによってプレゼンに臨場感が生まれ、聞き手を話に引き込むことができます。むしろ、**ストーリー（物語）がない話には、人は引き込まれることはない**とさえ言えるでしょう。

「プレゼンのなかにストーリーの伝達を盛り込んでいる」

これが、エモいプレゼンを成立させるための大原則です。

大原則3

「感情的な伝え方」をしている

もうひとつ、重要な原則があります。

結婚式での両親への手紙では、嘘はつけません。実際にはなかったことを手紙に書いたら、即座に両親が気づきます。

実際にあったことだからこそ、話し手は自分の話に思いきり感情を乗せて、手紙を読み上げることができます。これが感情的な伝え方につながります。

話しながら当時を思い出して涙ぐんだり、微笑んだり、その伝え方が聞き手にリアルな話し手の感情を伝え、エモーショナルな共感を呼びます。

どんなにいい話であっても、伝え方に臨場感がなければ、ただの音としてしか認識されません。話し手の感情的な伝え方があるからこそ、聞き手の心を震わせられるのです。

これが、エモいプレゼンの3つめの大原則、「**感情的な伝え方**」です。

具体的な伝え方のコツは、本書でこれからたくさん紹介していきます。しかしまずは、**話し手が意識して感情的な伝え方をすることで、聞き手の感情のざわめきを呼び起こすことができるのだ**、という点を把握しておいてください。

どうでしょうか？

以上の3つの大原則を満たしているからこそ、結婚式での両親への手紙の読み上げは、聞き手の感動を強力に引き出すのです。

本書ではこれからさまざまなプレゼンのノウハウを紹介していきますが、それらすべての前提となる大原則として、これら3つの条件を満たすことを常に意識しておいてください。

第1章の ポイント整理

「エモいプレゼン」を成立させるには、3つの大原則を満たす必要がある。

❶事前にプレゼンの目的を伝え、聞き手に心の準備をさせる。

❷プレゼンのなかにストーリー（物語）の要素があり、それを具体的に伝えている。

❸プレゼンの内容に嘘がなく、感情を乗せたエモーショナルな伝え方をしている。

第2章

緊張や不安、恐怖を遠ざける3つの心構え

第2章では、プレゼンを行う前に理解しておいてほしい心構えを3つだけ伝えます。

前章で、エモいプレゼンを行う際に必須となる三大原則を紹介しました。しかしそれだけでは、プレゼンを実施する際の心理的なハードルはなかなか乗り越えられません。

人前で話すことは、誰にとっても非常に怖い行為だからです。

大勢の視線が、自分に集中する場面を想像してみてください。それだけで、身体が少し緊張するのを感じませんか？

これは人間の本能からくる生理的な反応ですから、ある程度、プレゼンの前に緊張や不安を感じるのは避けられません。

しかし、**こうした生理的な反応もコントロールできます**。

完全に緊張や不安を感じないでプレゼンに臨むことはできませんが、私が多くの事例から導き出したいくつかの理屈やコツをあらかじめ理解していれば、過度に緊張したり、大きすぎる不安に苛《さいな》まれたりすることなく、本番に臨めます。

人前で話すことに苦手意識が強い方であっても、プレゼンに対する心理的なハードルを低くできるのです。

すべての心構えに共通するポイントは、**いかにして話し手がより話しやすい状況をつくるか**ということです。そうした状況をつくるには、とくにプレゼンの冒頭部分や事前の準備が重要です。

話し手が話しやすい状況をつくるための理屈とコツを、プレゼンをはじめる前に「心構え」として理解しておきましょう。**緊張や不安は、事前に対応策を知っているだけでも、小さくすることが可能**だからです。

準備をないがしろにしたまま話しはじめるのは、何も準備運動をせずに全速力で走りはじめることと同じです。途中で言葉に詰まって、大怪我をしかねません。

心構えを理解して、プレゼンへの緊張や不安、失敗への恐怖といった心理的なハードルを十分に低くしておきましょう。

心構え1

自分以外の誰かになりきれば あなたは決して傷つかない

極力緊張しないでプレゼンを行うには、ありのままの自分で話すべきでしょうか？　それとも、自分以外の誰かを演じて話すべきでしょうか？

ともすると、ありのままの自分で話すのが本来あるべき姿だと思われがちですが、少なくとも初心者のうちは、**自分以外の誰かを演じながら話すのが正解**です。

こうした考え方を、私は「**幽体離脱マインド**」と呼んでいます。

プレゼンの指導を行っていると、受講者の方から「人前で話すことが昔から苦手で、緊張して頭が真っ白になってしまう」といった相談を受けることがあります。

実は、かく言う私も、最初から人前で話をすることが得意だったわけではありません。むしろ、できることなら人のうしろに隠れて静かに生活していきたいタイプです。

しかし、自分がどうありたいか、という話と「明日、大切なプレゼンがある」という話は、まったく別次元の問題です。好きであろうとなかろうと、予定どおりに翌日のプレゼンはやってきます。その際に、こうした考え方が役立つのです。

ガラスのハートを守る方法とは？

そもそも、人前で話そうとするとなぜ緊張するのでしょうか？
自問自答すると、次のような理由が列挙されます。

- **失敗するかもしれない**
- **笑われるかもしれない**
- **ばかにされるかもしれない**
- **聞いている人にどう思われるか不安**

など

さまざまな理由が考えられますが、**緊張してしまう原因の大部分は、「他人からの評価が気になる」ということに集約**されます。

だとすれば、「仮にほかの人から低い評価を受けたとしても、それは私に対する評価ではない」と信じ込んでプレゼンすれば、そもそも緊張してしまう理由を取り除けます。

少しわかりにくいので、かみ砕いて説明します。

たとえばあなたの勤務先の上司から、次のような依頼があったとします。

「すまないが、来週の会社の忘年会で余興をやってくれ。年末のイベントだし、爆笑の渦を期待しているよ。面白ければどんなものでも構わないから、よろしく頼む！」

極めて強烈で、できることならスルーしたい依頼です。しかし、依頼されたからには断ることもできません。

では、どうするか？

①ゼロから面白いネタを考える

②最近話題になっている芸人のネタをパクる

選択肢がこのふたつだとして、みなさんはどちらを選びますか？　また、その選択の理由は何でしょう？

①の自力路線を選択した人、個人的にはそのチャレンジングな姿勢が大好きです。しかし、こちらはかなりリスクが高い選択です。多くの人は、②を選びたくなるのではないでしょうか。

②を選択した理由は、**「成功確率が高く、失敗のリスクが低いから」**、さらには**「失敗したときにもダメージが小さいから」**といったものでしょう。

上司からの依頼に対して、あなたは何度も練習を重ね、いま話題のお笑い芸人のネタを完コピしたとします。忘年会では、それを披露しました。

練習の段階では、自分でゼロからネタをつくるより、お手本とすべき対象があったので練習しやすかったはずです。また、もともと笑いのプロがつくったネタですから、お手本どおりにやれば、誰でもそれなりの笑いがとれます。成功確率が高いのです。

しかも結果として、忘年会のあとに「おもしろかったよ」と言われるのは、ネタをつくった芸人ではありません。間違いなく、あなたです。

聞き手を笑わせるという結果をとにかく追求するのであれば、プロの技をパクるほうがずっと安全なのです。

一方で、ネタの流行りがすぎていて、スベってしまうケースも考えられます。まさに最悪の状況です。しかしその場合でも、自分がゼロからつくったネタでスベるよりは、パクリネタでスベるほうが100倍マシです。

なぜならこの場合、「あのお笑い芸人のネタでスベった」となって、あなた自身が悪く評価される危険性は意外なほど少ないからです。

これこそが、プレゼンで誰かの真似をする最大のメリットです。

「うまくいったら自分の成果、失敗したら人のせい」という、とても人には言えない責任転嫁を心のなかで成立させられるのです。

この考え方を、プレゼンに活用したものが「幽体離脱マインド」です。

あなたが知っている、話すのがうまい人をイメージしてみてください。身近にいる人でも構いませんし、芸能人でも構いません。アニメのキャラクターでも構いませんし、架空の人物をつくり出しても構いません。

ただひとつ、「あなたが演じることのできる対象」であることが条件です。

そのうえで、**プレゼンの際には完全にその人のつもりになって、その人の魂が幽体離脱して自分に憑依したかのように、演じながら話します**。

- **もしその人であれば、あなたが伝えたいメッセージをどのように伝えるでしょうか？**
- **その人は、どのような口調で話をしますか？**
- **口グセがありますか？**
- **話し方に特徴がありますか？**
- **話をしているときの身振り手振りに印象的なものがありますか？**

こうした点を意識して、完コピするつもりでプレゼンしていきましょう。

あなたがイメージする、「自分以外の誰か」を演じさえすればいいだけです。

そのほうが成功する確率が高いですし、もしスベってしまった場合でも、自分の自尊心は守れます。あなた自身は傷つきません。

「丸パクリ」でも評価はあなた自身のもの

プレゼンを行うためのひとつの方法として、「自分以外の誰かを演じる」という選択肢があることを頭に入れておくこと。**誰かになりきってプレゼンを行うことで、極度の緊張を緩和する助けになります。**

たとえ誰かを演じながら伝えたとしても、それがあなたのプレゼンであることは変わりません。どのような方法であれ、結果的に聞き手が「いい話だった、ぜひ行動してみよう」と思ってくれるのであれば、頑張ってプレゼンした価値はあったと言えます。

さらには、できる人を真似ていれば、おのずと理想的な形に近づきます。最初はパクリでも、自分らしさというものは自然に滲《にじ》み出てくるものだからです。

幽体離脱マインドは、話下手な私自身にもかつて勇気をくれた、とてもパワフルな考え方です。みなさんもぜひ参考にしてください。

心構え2

ただひとりの味方に集中する

プレゼンでは**聞き手全員を満足させようとせず、特定のひとりを満足させようと意識する**ことも大切です。たとえどんなに大勢の前で話すプレゼンでも、「この人だけにはわかってほしい！」という特定の聞き手を想定し、その人に向けて話の内容を用意し、また伝えるようにすることで、緊張や不安を感じることなくプレゼンに臨めます。

この心構えには、ふたつの要素があります。

ひとつは、**準備段階でたったひとりの聞き手を具体的にイメージしながら、コンテンツを作成する**こと。

もうひとつは、**実際のプレゼン時、話に興味を持ってくれた特定の聞き手に意識を集中させ、全力で伝えることで緊張や焦りを避ける**ことです。

特定の聞き手を想定したコンテンツの準備

まずは前者のコンテンツ作成について。

プレゼンを行う必要に迫られた人は、往々にして「プレゼンでは、聞き手全員からの合意や賛同を得なければならない」と考えがちです。

しかし「はじめに」でもお伝えしたとおり、プレゼンの目的は「聞き手に行動してもらうこと」です。聴衆が複数の場合、全員に行動してもらうことは現実的ではありませんから、たったひとりでも行動してくれたら一応は成功と言えます。いい話だったけれどひとりも行動していない、ということであれば失敗です。

そのためには、プレゼンの内容（コンテンツ）について、「誰にとって」「どんなメリットがあって」「どんな不具合を解消できる」のか、事前に絞り込んで用意しておく必要があります。

聞き手を限定して、話の内容を具体的に作成するからこそ、相手にストレートに伝わり、切迫感をもって訴えかけるからです。

逆に、誰もが同意できる一般論では、話をきれいにまとめることはできますが、具体的に行動を起こすよう聞き手を急《せ》き立てることはできません。

たとえば、あなたが住宅を販売している営業マンだとしましょう。

次のAさん、Bさん、それぞれの顧客に理想的な住まいを提案します。どちらの顧客のほうが、より提案しやすいと感じますか？

Aさん　住宅を購入したいと考えているお客さま

Bさん　奥さまと子供がふたりの4人家族の旦那さん。下の子が小学1年生に上がる前に、家を建てて「実家」と呼べる場所をつくってあげたい、というご夫婦の意向あり。ふたりの子供には、これから反抗期も訪れるだろうが、できる限り家族の会話に溢れた、時間や想い出を共有する「場」としての住まいを手に入れたいと考えている

いかがでしょうか？　当然ながら、Bさんに対して提案を行うほうが、相手の要望につい

て背景まで理解できているので、今後の提案の方向性を想像しやすいはずです。一方のAさんについては、情報が少なすぎて、具体的にどんな提案をしたらいいのか、なかなか見当がつきません。

このように、具体的に聞き手を絞り込むことで、何をどのように伝えると効果的なのか、話すべき内容がおのずと決まっていきます。

- **マンションがいいのか戸建てがいいのか？**
- **建て売りがいいのか注文住宅がいいのか？**
- **デザイン重視か機能性重視か？**
- **ローンの期間と支払金額はどうするか？**

顧客を具体的にイメージできていれば、こうした点についても状況に合致した提案が可能となり、結果として、顧客に実際の行動を起こそうと考えてもらえます。

仮に、私が住宅購入を検討している側の立場だったとしても、私の状況を深く理解し、その要望を叶える提案をしてくれる営業マンから買いたいと考えます。なぜなら、「私という聞き手を具体的に絞り込んで、考えてくれた提案」であるため、私にとっての価値が高い提案になっているだろう、と判断できるからです。

プレゼンの事前準備でも同じです。

予定されている聞き手のうち、誰かひとりをメインターゲットとして事前に設定し、その人の状況を具体的に細かく考えて、話す内容を準備していくことが大切です。

その聞き手が何に困っているか、自分ならその人に何を提供できるか、自分との共通点はどこか……**聞き手をひとりだけ想定して、ほかの人のことはあまり考えずにコンテンツを作成していきましょう**。

聞き手全員の最大公約数を考えるより、そのようにしてひとりだけに深く刺さるプレゼンをしたほうが、**結局はより多くの聞き手に行動してもらえる**のです。

「味方」にだけ意識を集中させて話す

実際にプレゼンを行う際にも、聞き手のうちのひとりだけに集中することは役立ちます。

ただし、こちらは少しニュアンスが異なります。

たとえどんなに素晴らしい話でも、聞き手の全員が興味を持って、最後まで集中して話を聞いてくれるなんてことはめったにありません。いや、100％ありえません。

実際には、聞き手にあまり興味を持ってもらえず、話し手であるあなたの心が折れそうになる、なんてこともあります。

そういうときには、**「話に興味を持ってくれた特定のひとりに向けて、全力で伝える」ことが重要**になります。

100人の聴衆のうちのたったひとりであっても、あなたの話に興味を持って、しっかり聞いてくれる人がいるのであれば、その人に意識を集中させましょう（興味を持っているかどうかは、表情や視線ですぐにわかります）。そして、少なくともそのひとりにだけは「聞いてよかった。行動しよう」と感じてもらえるように、最後まで精一杯伝えきるようにします。

なお、プレゼン中の視線の送り先を完全にその人だけにすると、聞き手が違和感を持ちかねませんから、適度に会場全体に視線をやりつつ、6割程度はその聞き手ひとりだけに視線を送るようにするといいでしょう。

このようにすると、**たとえほかの聴衆の表情があまり冴えないものであったとしても、話し手であるあなたの心が折れにくくなります**。むしろ、そういう場面では好意的な反応を返してくれているその特定の人に意識を集中させなければ、ほかの聴衆の冷たい反応に意識を集中させたとたんに自信が消し飛び、緊張や不安、あがりなどを呼び寄せかねません。

まずはひとりに対して、しっかりと想いを伝えることが大切。結局のところ、個人をひとり、またひとりと味方につけていくことの積み重ねでしか、聞き手のすべてを味方につけることはできません。

たったひとりに自分の想いを伝えることがスタートです。いきなり「全員に理解してもらわなければならない」などという、極めて難易度が高く、かつ不要なプレッシャーを自分にかける必要はありません。

聞き手のなかのたったひとりを味方につけることに、まずは全力を注げばよい。

それこそが、緊張や不安を遠ざけ、さらにはプレゼンを成功に導いてくれるカギとなる心構えです。常に、そう考えるようにしてください。

聞き手の状態はあなたがコントロールできる

左ページの図は、停止している自転車が動き出し、巡航速度に至るまでの速度の推移を示したものです。

プレゼンを行っている話し手のテンションの推移は、この自転車の動きと非常によく似ています。自転車をこぎはじめたタイミング、つまりプレゼンをはじめたタイミングでは、話し手に非常に大きな負荷がかかります。

「みんな、話を聞いてくれているだろうか?」
「自分は相手にどう見られているんだろう?」

自転車の速度（話し手のテンション）の推移

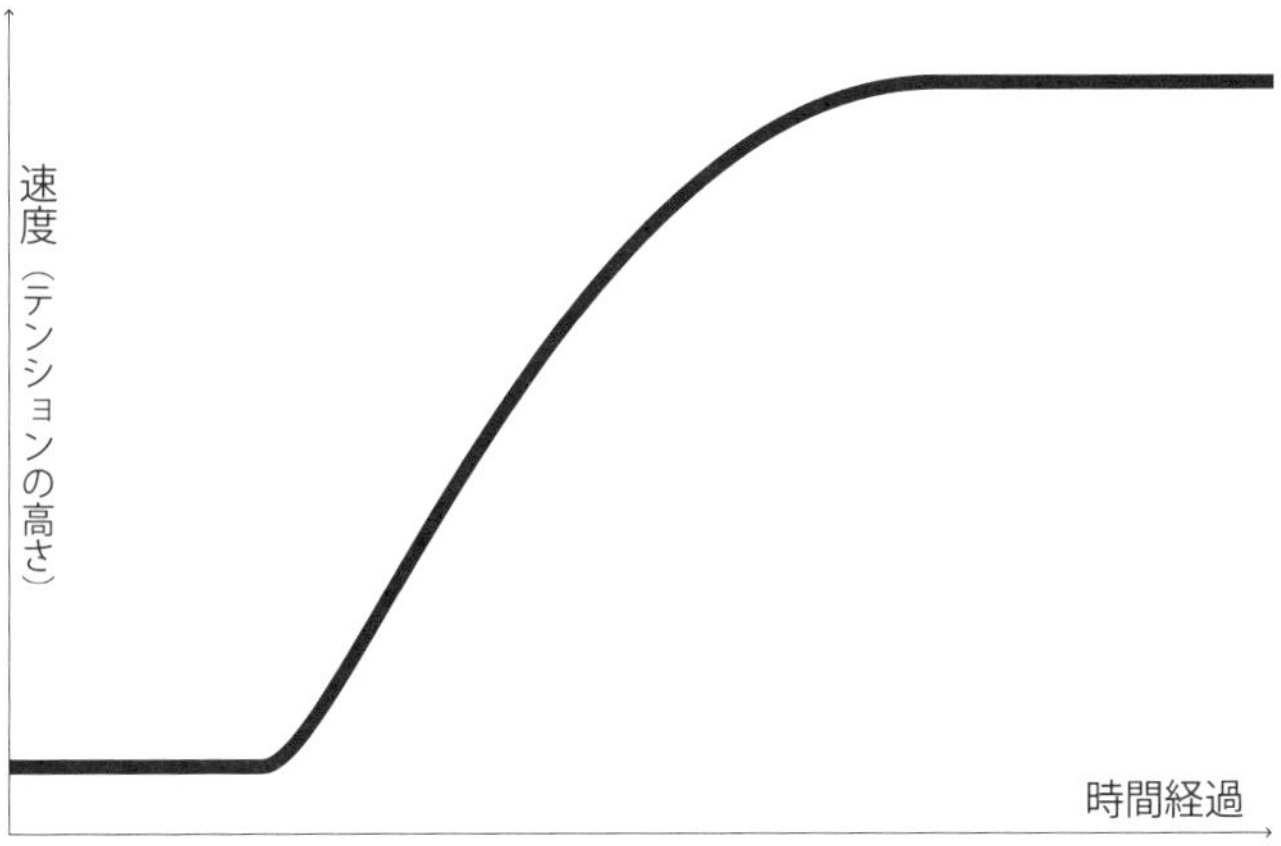

さまざまな不安がありますから、**テンションは低いところからはじまるのが普通**です。

そして、次第に話に熱がこもり、一定のテンションまで上昇するとそこで安定します。これが、一般的な話し手のテンションの推移です。

しかし、肝心の聞き手についてもテンションの推移を確認すると、実は話し手とはまったく逆の動きをします（次ページ図参照）。

聞き手の集中力のピークは、なんとプレゼンの開始直後にあります。

そして、そのまま話を聞き続けるにつれて、次第に集中力は低下し、最後は話への興味を失って終わります。

意外かもしれませんが、これが現実です。

聞き手の集中力の推移

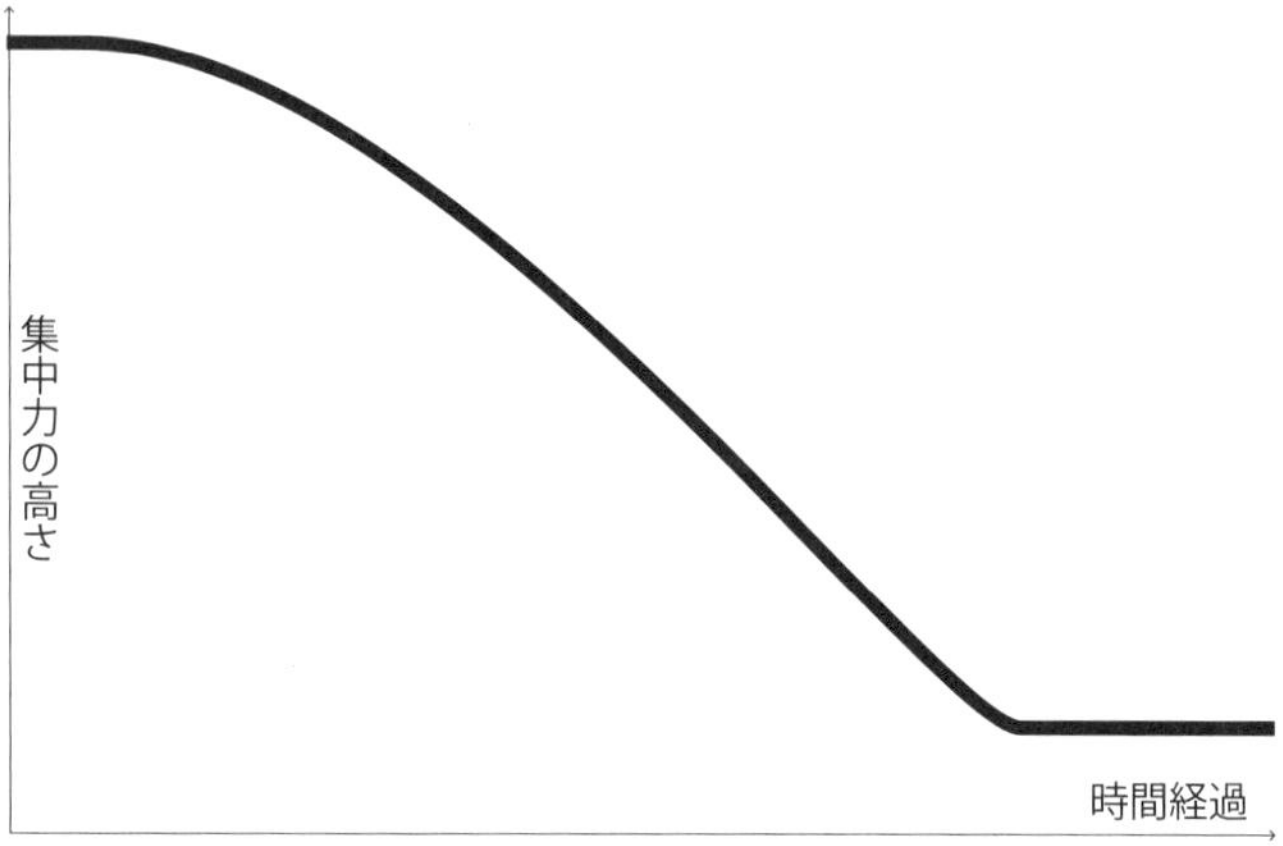

私の経験上、どんなに面白い話であっても、**聞き手を継続的に集中させることができる限界は15分くらい**です。

そのため、プレゼンの所要時間が15分を超える場合には、途中に休憩を挟んだり、閑話休題的なネタを話すなどして、聞き手を再度、話に集中させる仕組みが必須となります。

ドラマなどのテレビ番組のCMが、15分に1回程度あるというのも、人間の集中力が継続できる仕組みを考慮しているためでしょう。

そしてさらに恐ろしいことに、**聞き手が受けるプレゼン全体の印象は、プレゼン冒頭の最初の1〜2分間ですべて決まってしまいます。**

多くの場合、内容の詳細をすべて記憶できているプレゼンというのはありません。「すごく迫力のあるプレゼンだった」「すごくまじめなプレゼンだった」「笑いがたくさんある飽きのこないプレゼンだった」……こういった印象は、プレゼン冒頭の1～2分間、聞き手の集中力がもっとも高い段階で抱いた印象が、その後のプレゼン全体にも適用されるのです。

MAXボルテージで話しはじめよう！

これらの事実から、話し手がとるべき最適な対応策が導かれます。

それは、**プレゼン冒頭の1分間は、自分のなかの熱量をMAXにして話す**こと。

話し手と聞き手のあいだには、プレゼン開始直後に大きなテンションのギャップがあります。そのギャップを、「話し手がテンションを上げること」によって埋めにいくのです。

実は、**聞き手が話を聞く姿勢は、すべて話し手であるあなたがコントロールできます**。

集中して聞く、静かに黙って聞く、笑顔でうなずきながら聞く――さまざまな聞き方がありますが、これらの聞き手側の空気感・雰囲気はすべて、話し手がつくり出すことができます。「今日は聞き手の雰囲気が暗いな」「あまり興味がなさそうだな」といったネガティブな状況も、すべて話し手自身がつくり出しているものです。

そして、話し手がつくり出しているものである以上、これらは話し手がつくり替えることもできます。

聞き手の感情を揺さぶるためには、まずは話し手が話しやすく、聞き手が聞きやすい空気をつくることが必要だとすでに述べました。

そのためには、先ほども述べたように**「プレゼン開始直後の熱量を上げること」で、聞き手とのテンションの差を縮める手法がもっとも効果的**です。

大きな声、大きな身振りや手振りで話しはじめることで、「お！　何やら勢いがある人だぞ。自信を持って話しているし、この人であれば、きっと何か重要なメッセージを発するに違いない」という認識を聞き手に持たせられます。物静かな性格の人でも、ここは割りきって、別人格を演じるつもりで話すようにしましょう。

これを怠ると、聞き手は「あぁ、ここからの話は静かに聞かなければならない話なのだな」と認識し、プレゼンテーターとしては非常に話しづらい空気感・雰囲気が生まれてしまいます。すると、誰でも緊張して、不安感やあがり、焦りなどのよくない反応が出てきます。

緊張するから声が小さくなる、というのは間違いです。

話し手が小さい声で話すから、聞き手が静まり返り、話し手が緊張する状況をその場につくり出してしまうのです。**むしろ緊張していればいるほど、大きな声で話しはじめましょう。**

聞き手は、プレゼンの開始直後こそがもっとも集中力が高い状態なので、そのようにして最初によい印象を抱かせることができれば、その後のプレゼン全体に対する印象も、ぐっとよくなります。

「プレゼンの開始直後の声のボリューム、テンションについてはＭＡＸボルテージで開始」

この点を心構えとしてあらかじめ理解しておくことで、緊張や不安を感じにくいプレゼンのスタートができるうえに、実際に行動につながる「エモいプレゼン」の実現にも直結する、というわけです。

第2章の ポイント整理

❶ プレゼンを行う際には、自分以外の誰かを演じるといい。演じることで成功確率が高まり、失敗時の精神的なダメージも最小化できる。

❷ プレゼンでは聞き手全員の支持を得る必要はない。もっとも伝えたい人に伝わるようにコンテンツを用意し、ひとりの味方に意識を集中させて話すことで、あがりや緊張を防ぐべし。

❸ プレゼンの冒頭1分は、最大の熱量で話しはじめること。これにより、聞き手の集中力をより長く維持すると同時に、プレゼン全体に対する印象をよくできる。

第3章

3つのステップと基本テクニックを理解する

プレゼンは3つのステップでできている

いよいよ、「エモいプレゼン」実践編の解説に入っていきます。最初に、**あらゆる種類のプレゼンは以下の3つのステップから構成されている**ことを理解してください（左図参照）。

①オープニング
②ボディ
③クロージング

このうち、プレゼンの核となるのは②のボディです。
しかし、ボディだけではプレゼンは成立しません。

すべてのプレゼンを形づくる3つのステップ

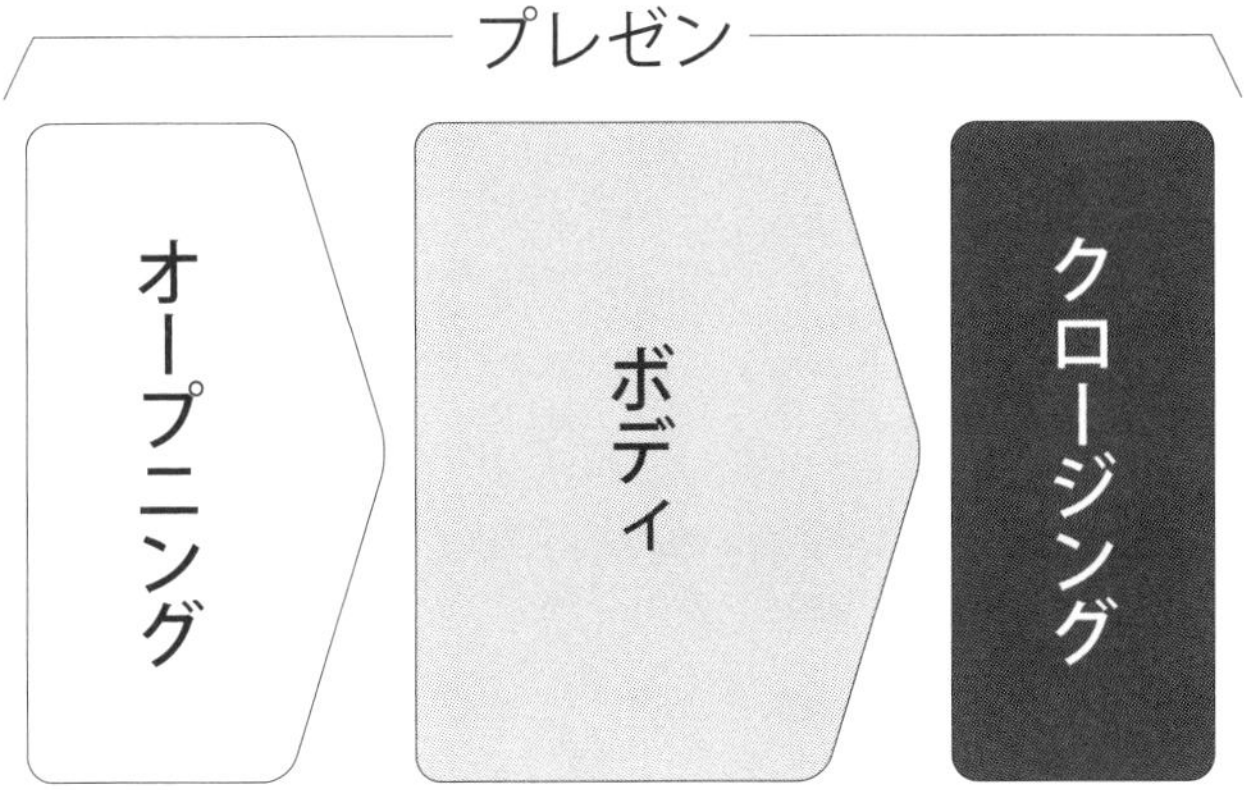

とくに聞き手の感情を揺さぶることで、相手に実際の行動をとらせようと意図するエモいプレゼンでは、①のオープニングでの「つかみ」や、③のクロージングでの「実際の行動へのサポート」も、非常に大きな役割を担います。

3つのステップが相互に補完して、はじめてエモいプレゼンを実現できるのです。

この第3章では、各ステップでもっとも重要となる基本テクニックを解説しましょう。

「時間がないから、少しでも早く感情を揺さぶるプレゼンを行えるようになりたい」という方は、この章の3つの基本テクニックを使うだけでも、十分にエモいプレゼンを行えるようになるはずです。

オープニングでの基本テクニック

あえての不協和音で興味を引きずり出す！

まずはオープニング。

ここでの最重要ポイントは、いかにして聞き手に、話し手に対する興味を持たせるかです。

「話の内容」ではなく、「話し手そのもの」に対する興味が先です。

話し手自身に興味を持てば、聞き手の興味は話の内容にも移りやすくなります。

話の内容に先に興味を引かれ、そのあと話し手自身に興味を持つこともなくはありませんが、それよりは、話し手自身に先に興味を持たせるほうがずっと簡単ですから、そちらを意識していきます。

さて、どんなに素晴らしい話であっても、相手がきちんと聞いてくれてはじめて「いい話」になります。聞いていない人の前で話をするのは、耳栓をしている人に対して一生懸命に話をするとの同じです。

当然のことながら、プレゼンでは相手に話をしっかり聞いてもらう必要があるのですが、聞き手を集中させ、耳を傾けてもらうのはそう簡単にできることではありません。聞き手がプレゼンの内容にあまり興味を持っていない場合は尚更です。

そこで、プレゼン冒頭のオープニングのステップで**「ギャップによる強調」**を行い、何はともあれ聞き手の興味を引きずり出しましょう。

ここで言う「ギャップによる強調」とは、**視覚的または聴覚的な「差」を意識的につくって、印象を際立たせることで聞き手の注意を引く基本テクニックのひとつ**です。

―視覚的ギャップによる強調―

例を出しましょう。とても面白いネタを行うお笑い芸人が、フォーマルなスーツを着ていることがよくあります。これは**「視覚的ギャップによる強調」**の典型例です。

真面目さの象徴であるスーツと、お笑いネタの面白さのあいだに、目に見えるギャップをあえて生み出すことによって、ネタの面白さを際立たせているのです。

このように、自分がいまからしようとしていることとは逆の方向に、意図して視覚的な差をつくることによって、聞き手の脳内にすでに存在している「これから、こんな話をするんだろうなぁ」といった期待と、目に映るイメージとのあいだで不協和音を発生させます。

すると、**聞き手は無意識に違和感を持ち、あなたという人物に強い興味を抱く**のです。これができれば、聞き手の興味はあなたの話す内容へと移りやすくなります。

聴覚的ギャップによる強調

同じく聴覚、つまりは音声を通じてギャップをつくり出すことも可能です。**「聴覚的ギャップによる強調」**です。

聞き手が内心期待しているのとは逆の音声を聞かせることで、違和感を感じさせて、興味を引き出すテクニックです。

音楽を流したり、楽器などの「鳴り物」を使う方法もありますが、プレゼンでは通常、声の出し方に工夫することで差をつくります。

とにかく「満面の笑み」が成功のカギ

では、プレゼンのオープニングにおける、もっとも効果的なギャップのつくり方とはどんなものでしょうか？　視覚的ギャップ、聴覚的ギャップ、それぞれについての例を紹介します。

まず私がお勧めする、簡単で汎用性が高い視覚的ギャップのつくり方は**「笑顔」**です。しかも、**「ちょっとした微笑み」などではなく、「満面の笑み」が理想**です。

たいていのプレゼンは、真面目なテーマに関して行われます。

たとえば大勢の聞き手の前で行う発表では、聞き手は「これから、どんな人が話すのだろう？」という小さな興味を、プレゼンの開始時点から数秒程度は持っています。その瞬間に、ものすごく楽しそうにニコニコした人が話しはじめたら、どう感じるでしょうか？

「あれ？　これから真面目な話をするのではないのかな？」と、心のなかで事前の期待・想定との不協和音が発生し、違和感を感じます。そして本能的にその違和感の原因を探ろうとしますから、聞き手に対して興味のアンテナを立てることになります。

満面の笑みと大きな声がカギ

「この人はどんな人なんだろう?」と、まずは服装や表情、仕草などを観察し、運がよければ次に「何を話すのかな?」と話の内容に関心を向けるのです。

もう一方の聴覚的なギャップについては、**「大きな声で話しはじめる」という演出方法がもっとも効果的**です。

大多数のプレゼンでは、聞き手はふつう、話し手が聞き手の反応を見ながら、落ち着いてゆっくり話しはじめるんだろうな、という事前の想定をしています。

そこで、あえてその期待を裏切り、通常の会話よりかなり大きな声、しかも楽しそうな声でプレゼンをはじめるのです。

当然、聞き手は聴覚的に違和感を感じます。大きな声には本能的な危機感を感じさせる効果もありますから、聞き手は話し手が安全な人かどうか、またどんな人かを確認しようとします。そこから、話の内容に興味の対象を移していきます。

視覚的ギャップのつくり方については、このほかにも服装や仕草での工夫も考えられますし、面白い話をすることが事前に予想されている場面では、あえて悲しそうな表情や声色で話しはじめるなどの応用技も考えられます。

しかしここでは、**まずは「満面の笑顔と大きな声で話しはじめるプレゼン＝最強のギャップによる強調」**だと覚えてしまいましょう。

このテクニックを使って、「あれ？　これまで見てきたプレゼンとは何か違うぞ？」と聞き手に思わせ、話し手に対する興味を持ってもらうことができれば、まずは第一関門突破です。

ボディでの基本テクニック

シンプルにストーリーを語りメッセージを伝える

続いてはボディ。プレゼンの核となる部分です。

ボディでは「シンプルにストーリーを語る」ことがキモとなります。

話す内容をシンプルにまとめる

このうち、「シンプルに」の部分をまず解説しましょう。

わかりにくいプレゼンの典型的なパターンとして、「何が言いたいのかわからないうえに、むやみに長い」というものがあります。このようなプレゼンでは、聞いている時間がもったいなく感じ、途中でこう質問しそうになります。

「結局、何が言いたいのですか？」
「私は、何をすればいいのですか？」

他人の時間を奪うのは、相手にとって相当な迷惑をかける行為です。すべてのプレゼンテーターは、この点をしっかり認識しなくてはなりません。

仮にプレゼンに1時間かかったとしましょう。そのなかで、本当に伝えなければならない内容は5分で話せたとします。この場合、極端に言えば残りの55分のプレゼン時間は無駄です。その無駄な時間に、たとえば10人の聞き手をつき合わせてしまったとしたら、55分×10人＝550分で、9時間以上も他人の時間を奪っていることになります。

9時間あれば、いろいろなことができます。その時間で生産性の高い仕事をこなせたかもしれませんし、家族や友人と楽しい時間を過ごせたかもしれません。1分たりとも無駄な時間を他人に過ごさせてはいけないのです。

また、**長く話せば話すほど、プレゼンの本質からは遠ざかります。**

みなさんも勤務先での会議中、話が右往左往してしまって、結局、何の会議だったのかわからなくなってしまった経験はありませんか？

あらかじめ話すコンテンツを明確にしておき、プレゼンではシンプルにその内容を伝えることで、こうした無駄な時間の発生を抑えられます。途中で何の話なのかわからなくなってしまうリスクも避けることができます。

実際に話す内容（コンテンツ）をシンプルにまとめるには、次のフォーマットを利用すればいいでしょう。

私は、（　①具体的な聞き手　）に、
（　②理想とする姿　）状態になってほしいので、
（　③メッセージ・主張　）ということを伝えます。
それは（　④理由　）だからです。
具体的には（　⑤方法　）ことで理想とする姿を実現できます。

プレゼン前の準備の段階で、このフォーマットに話したい内容をまとめます。①〜⑤まで、すべてをできるだけ短い文章で埋めてください。もし、このフォーマットでは端的に話をまとめることができない、という場合には、そのコンテンツは一度のプレゼンで話すには内容が多すぎて、聞き手に負担を感じさせてしまう可能性が非常に高いと認識しましょう。

たとえば本書、「エモいプレゼン」を先ほどのフォーマットに当てはめると、次のようにまとめられます。

私は、（　聞き手の感情を揺さぶるプレゼンを行いたいと考えている方　）に、（　自信を持って「エモいプレゼン」を行える状態　）になってほしいので、（　プレゼンの型を知れば、誰でも簡単に「エモいプレゼン」を実施できる　）ということを伝えます。

それは（　人前で話すことが苦手だった私自身も、プレゼンが得意になった体系的な方法だから　）です。

具体的には（　本書の内容を理解し、実際のプレゼンの場で活用する　）ことで理想とする姿を実現できます。

どうですか？

３００ページ近い書籍の内容であっても、結局のところ何が言いたいのかについては、シンプルにまとめることが可能なのです。

もちろん細かい話をすれば、そこまで端的に表現できない論点や具体的な方法論などもある、ということは理解しています。

しかし「結局のところ、何が言いたいのか？」という大枠で考えれば、どんな話であっても、このフォーマットに当てはめれば短くまとめられるのです。

あらかじめこのフォーマットを使い、プレゼンの内容をシンプルな形に整理しておきましょう。そのうえで、本番ではまとめた内容をまず聞き手に伝えることを意識します。細かい論点や具体的な方法論などに言及する必要があるのであれば、**いったん全体の内容を伝えたあとに、つけ加えるような形で話す**ようにします。

このようにシンプルに話をすれば、話し手自身が途中で何の話をしているのかわからなくなってしまう、最悪の状況には決して陥らなくなります。プレゼンは、準備が大切なのです。

ストーリーを語ることにはふたつのメリットがある

ボディの基本テクニックは、「シンプルにストーリーを語る」ことでした。続いてもう一方の「ストーリーを語る」部分についても解説していきます。

聞き手がなかなか興味を持てないプレゼンの典型的な例として、話し手が一方的に事実を伝え続けるプレゼンがあります。

こうしたプレゼンでは、聞き手は聞いたはずの内容を記憶できていません。何についての話だったのか、あとから思い出すことすら困難です。

これでは、せっかく時間をかけてプレゼンをしても意味がありません。そうならないためには、**ボディで「ストーリー」を語る**ことが重要となります。なお、ここで言う「ストーリー」は「物語」と言い換えても結構です。

みなさんは、『桃太郎』の話を聞いたことがありますよね？

いまからいくつか質問をしますので、答えを考えてみてください。

それではいきます。

①桃太郎は何から産まれましたか？
②おばあさんが川へ洗濯に行っているあいだ、おじいさんはどこに、何をしに行っていたでしょうか？
③桃太郎は、鬼退治に行く途中で仲間を増やしました。どんな仲間ですか？

では答え合わせです。

①桃
②山へ芝刈りに行っていた
③サル、キジ、イヌ

いかがでしょう？　全問正解できなかった人のほうが珍しいかもしれません。

「一体何が言いたいんだ？」という声が聞こえてきそうですが、からかっているわけではありません。ここで考えてもらいたいのは、なぜ、あなたはこの問題に正しく答えられたのか、という点です。

別の問題で試してみましょう。

①中大兄皇子《なかのおおえのおうじ》の母親は誰でしょう？
②中大兄皇子が飛鳥時代の政変・乙巳《いっし》の変で蘇我入鹿《そがのいるか》を討ち取った場所はどこでしょう？
③中大兄皇子とともに蘇我入鹿暗殺に関わった人物の名前を答えなさい。

では答え合わせです。

①皇極天皇（宝皇女《たからのおおきみ》）
②飛鳥板蓋宮大極殿《あすかいたぶきのみやだいごくでん》
③中臣鎌足《なかとみのかまたり》

どうでしょう？　今度は少し（かなり？）難しかったかもしれません。これは、大化の改新を行った中大兄皇子についての問題でした。中学や高校の歴史の教科書に載っているレベルの知識ですが、よほど日本史に親しんでいる人でなければ、なかなか全問正解とはいかなかったはずです。

最初の桃太郎に関する問題3つも、次の中大兄皇子に関する問題3つも、それぞれの問題は、その人物の①出生、②関連する行動が行われた場所、③仲間の名前を問うという同じ形式の出題でした。

それなのになぜ、多くの人が桃太郎では正解できたのに、中大兄皇子では正解できなかったのでしょうか？

この違いには、「**ストーリー（物語）で覚えることによって、記憶が容易になる**」という点が関係しています。

覚える内容の総量で言えば、1問1答形式よりも物語のほうが圧倒的に多いにも関わらず、覚えやすいのは物語のほうです。物語だと話に一連のつながりがあるために、さまざまな事柄をひとまとまりのセットとして記憶できるからです。

最初の3つの問題は、多くの人が昔話としてストーリーを知っている桃太郎についてのものでしたが、次の3つの問題は、中大兄皇子について多くの人が個別の知識としてしか触れてこなかったために、正解することができなかったと言えます。

逆に言えば、大化の改新前後の中大兄皇子に関するいきさつを、ストーリーとして知っている人であれば、こうした問題にも簡単に答えられたでしょう（余談ですが、この辺りの歴史をストーリーとして扱った漫画も多くあります。里中満智子先生の名作『天上の虹』が個人的なお勧めです）。

また、**純粋に人は物語が大好き**です。最近あった面白い話、過去にあったつらい話、不思議な話など、誰かと話をしているときにも、そこに物語の要素があると深く話に引き込まれる習性があります。

実はこれが、ストーリー（物語）を語ることのふたつめのメリットです。

ストーリー性のある形で話をされると、聞き手は自然に話の内容に興味を持ち、耳を傾けてしまうのです。

プレゼンのボディでは、シンプルな形でストーリーを語ることによって、①聞き手に興味を持たせ、同時に、②話の内容を記憶に留めやすくできます。

まずは話を聞いてもらわないと意味がありませんので「興味」を持たせ、結果的に行動してもらえなければ、これまた意味がないので、プレゼンの内容を「覚えて」もらいます。これらを実現するために必要となるのが、ストーリーを語ること、というわけです。

シンプル ＋ ストーリー

ということで、**エモいプレゼンのボディのステップでは、あらかじめシンプルにまとめたメッセージを、ストーリーの形で聞き手に伝える**ように意識しましょう。これが、ボディにおける基本テクニックです。

これだけで、聞き手の目の色がガラリと変わります。話し手であるあなた自身も、聞き手が話に引き込まれているのを強く実感できるでしょう。

実際にどのようにストーリーをつくればよいかは、本書後半でさらに詳しく解説していきます。

クロージングでの基本テクニック

終了直前のひと言で実際の行動につなぐ！

さあ、プレゼンも終わりに近づいてきました。オープニングでの違和感で興味を引き出し、ボディでメッセージを明確に伝えました。そのため、聞き手はすでに十分にプレゼンの内容を理解している状態です。**ここまでくれば、放っておいても興味を持った聞き手は勝手に行動に移ってくれます。**

しかし、聞き手の全員が動くわけではありません。

本書が考えるプレゼンの最終的な目的は、「聞き手に行動してもらうこと」でしたね。話し手のあなたとしては、できる限り実際の行動に移してくれる聞き手の割合を増やしたいところでしょう。

そのためには、プレゼンの終了段階、**クロージングのステップで「主張の整理と行動の依頼を行う」ことが効果的**です。

ふたつの例で考えてみます。あなたは営業部のメンバーで、営業部長から仕事に関するアドバイスを受けた、という状況を想定してください。

次のうち、どちらのアドバイスがよりその後の行動に影響するかを考えて、伝え方の違いを見つけてみてください。

例①「なかなか営業目標が達成できていないようだね。でも、もっと頑張って行動してみたら、きっと上手くいくよ！」

例②「なかなか営業目標が達成できていないようだね。そうだな、うちのトップ営業のAさんときみの、1か月間の商談件数を比較したことがあるかな？　実は、3倍近い開きがあるんだよ？

だから、きみの受注率が低いというより、そもそも商談の席についている回数が違って、そこから大きな差が生まれているようだ。まずは商談の回数を今月の2倍にすることを目標にして、来月取り組んでみたらどうかな？　その結果を、また来月聞かせてよ」

いかがでしょう、①と②の違いに気づきましたか？

例①では、具体的にあなたが何をすればいいのかについては言及していません。励ましているだけです。

一方の例②では、**今後あなたが何をすべきなのか、「具体的な行動の方法」についてまで言及**しています。

ふたつのアドバイスを比べれば、当然、例②のほうがその後の具体的な行動につながりやすいでしょう。

聞き手が「いい話だった」と感じるかどうかと、「行動に移せるかどうか」は別の話です。

せっかくお互いの時間を使って情報を共有する場を持ったのですから、聞き手には実際に行動を起こしてもらいたいもの。そのためには、クロージングのステップで、この「具体的な行動を伝える」というひと手間をかけることがとても大切になります。

そしてさらに、その方法を整理すると、以下のように表せます。

・主張の整理 ＋ 行動の依頼

これがクロージングのステップで意識してほしい基本テクニックです。

最初の**「主張の整理」の部分で聞き手にプレゼンの内容をもう一度振り返らせ、次の「行動の依頼」の部分で、具体的に何をすればよいのか指示を出す**のです。

それぞれをもう少し詳しく確認していきましょう。

主張の整理で記憶の定着を図る

まずは、ボディで話した主張をもう一度整理して伝えます。

・結局、今回のプレゼンで自分はどのような主張をしたのか

・なぜ、自分はそれを主張したのか

こういった要素を整理して、シンプルに伝えます。確認のための整理なので、一部ボディの内容の繰り返しになっても問題ありません。

なお、よくある失敗例として、主張だけはしっかりするけれど、その根拠については言及していないというパターンがありますから注意してください。これではプレゼンというより、一方的なスピーチになってしまいます。

・主張の根拠は何か

あくまでも聞き手に行動を促し、現在の状況を改善させるためにはどのようなアプローチが適切なのか、という視点から主張の整理をしていきます。

プレゼンの最終段階となるクロージングのステップで、こうした「主張の整理」のプロセスを踏むことにより、聞き手は「今日、どんな話を聞いたのか」を再度自分のなかで振り返れます。プレゼンが終わったあとで、「どんな話でしたか?」と聞かれても、しっかり答えられるようになるわけです。

行動の依頼までしてしまおう！

プレゼンの最後の最後には、聞き手が結局、何をどうすればいいのか、具体的な行動を例として挙げ、実際にそうするようにお願いすることも忘れてはいけません。

この「最後のお願い」を行わないと、どんなにエモいプレゼンをしたとしても、聞き手が「とてもいいお話だった」と満足して、そこで終わってしまうことがよくあります。きっちりと行動の依頼までプレゼン内で済ませてしまうのが原則です。

そのうえで、どんな行動を依頼するかにも気を配りましょう。

もっとも理想的なアプローチは、「今日のプレゼンで話したメリットをあなたも受けるには、これだけやれば大丈夫！」といった形で、**聞き手が最小限の労力で、最大限の効果を享受できる行動を伝える**ことです。

多くの人は、「やればできる」ことを知っていますが、実行するのが面倒な行動は、往々にして知っていてもやりません。

たとえばあなたが資格学校に通っていて、講師から「1日10時間、1週間で70時間勉強すれば、必ず試験に受かります！」と言われたとして、「確かにそれはそうだろう」と思うでしょうが、実際にそれだけの時間、勉強をすることができるでしょうか？

依頼する行動は、すぐに実現可能な行動に絞り込む必要があるのです。そしてそれを、できるだけ短い表現で印象的に伝えましょう。

たとえば先ほどの資格学習のアドバイスであれば、「このテキストを使った暗記学習を毎日30分、繰り返し行ってください。たったの30分、それだけです。しかし、この30分が人生を変えると思えば、やらない理由はないと思いませんか？」という感じです。

このくらい要点を絞って伝えないと、聞き手は行動してくれません。「あれも、これも、全部をやりましょう」では、聞き手は結局、何をやればいいのかわからない状態から抜け出せないのです。

また、行動の依頼を行う際には、「**その行動が測定可能か**」という点も重要です。

行動の依頼を行っているつもりでも、その行動を測定できないと、実際にできているのかどうか聞き手が判断できません。

たとえば「頑張ってください」「しっかりしてください」「本気でやってみてください」

……これらの指示はすべて曖昧で、行動自体を測定できません。時間や量、回数などで測定が可能な行動を依頼しなくては、その行動が実行できたのかどうか、本人すら認識できません。仮に何らかの成果が出たとして、それが行動の結果そうなったのか、何もしなくても成果が出ていたのか、判断することもできません。これではやろうという気にはなりません。

依頼するのは「ラクに実行可能」で、かつ「測定可能」な行動というわけです。

まとめると、**クロージングのステップでは、まず①今日、どんな主張をしたかを整理して伝え、②プレゼン後にしてほしい行動を具体的に示して実行を依頼する**というのが、基本テクニックとなります。

プレゼンを構成する3つのステップそれぞれで使える、シンプルながら大変パワフルなテクニックを3つ紹介しました。

ぜひしっかりと習得して、実践のなかで活用してほしいと思います。

第3章の ポイント整理

❶ 満面の笑みと大きな声で、プレゼン開始直後にギャップの演出をする。
聞き手はギャップに引き込まれる。

❷ シンプルにストーリーを語る。
物語はあなたの話に、パワフルに聞き手を引き込んでくれる。

❸ プレゼン終了直前に「主張の整理」をし、さらに「行動の依頼」までプレゼン内でしてしまおう！

第4章

7つの応用テクニックで今日からあなたもエモいプレゼンテーター

ここまでの解説で、聞き手の心を揺さぶるために必要なエッセンスについては、ぼんやりとでも理解できたはずです。

そこでこの章では、**聞き手の心にもっと大きなインパクトを与え、相手を行動せずにはいられなくさせる7つの応用テクニック**について紹介していきます。

単なる小手先のテクニックではなく、プレゼンを構成する要素を構造的に理解し、実践してもらうための重要な章となります。

ここで述べる内容を理解することで、第3章で解説したプレゼンの基本テクニックについてもさらに深く理解でき、より高いレベルで「エモいプレゼン」を実践できるようになります。

ぜひ、実際に活用してみてください。

高速アイスブレイクとパンチトーク2分でその場をホームにする

長引かせずに、サクッと聞き手の心をつかむ

ご存知の方も多いと思いますが、「**アイスブレイク**」とは、初対面の相手とのあいだに存在する緊張感や警戒心といった「氷の壁（アイス）」を「解きほぐす（ブレイク）」こと、あるいはそのための発言や会話などを指します。

よくある例としては、誰もが答えやすい「今日はいい天気ですね！」といった天気ネタや、その日のニュースなどの時事ネタから話しはじめることで、コミュニケーションをスムーズにスタートさせる基本的なテクニックです。

このアイスブレイクは、エモいプレゼンにおいても非常に重要です。**上手なアイスブレイクでプレゼンをはじめることができれば、聴衆の人数に関係なく、「話し手と聞き手のあいだに話しやすい関係性がつくれる」**からです。

話し手との面識がない場合、プレゼンであっても最初のうちは、聞き手は一定の緊張感や警戒心を持っています。それをアイスブレイクで解きほぐすことによって、話し手が話しやすく、引いては聞き手も聞きやすい空気感をつくれるでしょう。感情を揺さぶる「エモいプレゼン」を行うための準備段階です。

みなさんも、しかめ面で話し手をじっと見つめるだけの聞き手を前に話すより、最初のアイスブレイクで雰囲気が柔らかくなった、にこやかな聞き手を前に話すほうがずっと話しやすいはずです。

ただしプレゼンでは、聞き手はただ楽しいだけの雑談を聞きにきているのではありません。アイスブレイクがダラダラと長くなって、雑談が盛り上がりすぎるのも問題です。

では、どうすればいいのか?

答えは「**プレゼンの開始から60秒以内に、聞き手のなかのひとりを笑顔にすること**」です。

アイスブレイクに正解はないので、必ずしも私のお勧めどおりにしなくてもかまいませんが、今回はひとつの例として、私がよく利用している「**高速アイスブレイク**」の型を紹介しましょう。

雑談が盛り上がりすぎて導入が長引いてしまうことを避けつつ、適度に聞き手の雰囲気を和らげることができます。

高速アイスブレイクはこれだけでOK

プレゼンでは聞き手が複数であることが多いので、アイスブレイクをしても、いきなり聞き手全員を味方につけることはなかなかできません。少なくない聞き手が不安を感じて、緊張している状態のままプレゼンがはじまることになります。

「高速アイスブレイク」では、そうした状況でも、**まずは聞き手のなかにひとり味方をつくる**ことを目指します。そのうえで、**少しずつ味方を増やしていき、最終的には聞き手全員を巻き込んでいく**というイメージです。

高速アイスブレイクの構成要素は、次の4つです。

「表情」×「声」×「間」×「挨拶」

ひとつずつ確認していきます。

―表情―

高速アイスブレイクでは、最初の1分間については真面目な表情を1秒もつくりません。**登壇して、自分の顔を聞き手に見せてから、最低でも聴衆のひとりが笑顔になるまでのあいだ、常に「自分史上最高レベルの笑顔」を維持し続けます。**

そしてこれは、「必ず」実践してください。

笑顔は、相手との距離を縮める最高の武器です。自分が笑顔だから、相手も笑顔になるのであり、自分が笑顔ではないのに相手に笑顔を求めるのは不自然です。

緊張で顔が硬くなっている話し手を前にして、聞き手が笑顔になるはずがありません。自分の笑顔によって相手の笑顔を引き出すのだ、という想いで、どんなに面映《おもは》ゆくても自分の最高の笑顔を最低60秒間は維持してください。

これには生理的な裏づけもあります。

人間の脳内にはミラーニューロンという神経細胞があり、別の個体の特徴的な表情や行動を目にすると、この神経細胞がそれらを模倣しようとする反応を示します。

高い社会性を持つ生物である人間は、無用な衝突を避けるため、他人の笑顔に対してはミラーニューロンを働かせて笑顔を返そうとする本能を持っています。むしろ、**笑顔の人を前にして、無表情やしかめ面を維持するほうが難しい**でしょう。

「自分史上最高レベルの笑顔」はこうした人間の本能も刺激するため、自然に聞き手の笑顔を引き出し、場の空気を柔らかくするのです。

―声―

高速アイスブレイクの最初の1分間は、明るい声のトーンと、大きな声も維持しましょう。

笑顔の人を前にすると、人は自然に笑顔になりますが、同じように一生懸命な人、元気な人を見ていても、人は自然と心を開き笑顔になります。

背景にある理屈は笑顔の場合と同じです。


ポジティブなイメージを聞き手に持ってもらうために、最初の1分間はとくに元気よく、大きな声で話しはじめること。

開始直後からトップギアを入れることを意識してください。

声のトーンやボリュームだけでも、相手を笑顔にすることが可能です。可能な限り滑舌よくはっきりと、相手にも聞こえる声量で話しはじめることを心がけましょう。

―間のとり方―

間のとり方も重要です。

笑いが起こる瞬間に絶対に必要なもの。それは、「聞き手が自分の頭で言葉や状況を理解し、咀嚼《そしゃく》するための間」です。

そのため聞き手のペースで、相手が状況を理解するための時間を与える必要があります。

具体的な間のとり方としては、「**①質問＋間**」、「**②強調＋間**」というふたつの組み合わせがあります。

「①質問＋間」は、**聞き手に問いかけたあとに「相手が何らかのリアクションをとるまで笑顔でうなずきながら、待ち続けること」**を指します。

「②強調＋間」は、**話し手がとくにしっかりと伝えたい箇所を強調したあとに、「聞き手がその言葉を咀嚼しているあいだ、話を理解できていない人を笑顔で探す」**という間のとり方をします。

具体的には、普通は5秒程度、最大で15秒程度の間をとるように意識します。

緊張しているとなかなか間をとれず、急いでしまうので、そういう場合には心のなかで「いち、に、さん……」とゆっくり数えるようにするとよいでしょう。

―挨拶―

アイスブレイクでは、何か面白い話をしなければならないと思ってしまう方がいますが、これは少し違います。必ずしも面白い話をする必要はありません。「**面白い雰囲気**」をつくることさえできれば、それで問題ないからです。

そして、ここまでに説明した3つの「表情」「声」「間」だけで、面白い雰囲気をつくることは可能です。**この3つを用いながら、ごく普通の挨拶をすればいい、ただそれだけ**です。

それだけでアイスブレイクになるはずがない、と思う方もいるかと思いますので、私があるプレゼンで実際に使った高速アイスブレイクの例を記載してみます。これをみなさんのプレゼンの場に当てはめて、細部を変えて使うだけでも、高速アイスブレイクは成功裏に完了するはずです。

「は〜い！　みなさん、こんにちは〜〜〜〜！！！（ＭＡＸハイパーハイテンションで）……あれ？　……みなさんとのテンションの差を感じてしまったのですが、この違和感、私だけでしょうか？（最前列に目を向けて笑顔。誰かがうなずくのを待つ）……あっ、ＯＫです、今日はそんな感じなんですね（笑）。

できれば、みなさんが私のペースについてきてくれたらうれしいな〜と思いながら進めていきますね。私だけ全力で走っていて、振り向いたら誰もついてきていない、みたいなことがよく起こるので、お願いしますよ。……（笑顔で間をとり、笑いが起こるのを待つ）……ここから30分間、みなさんにとって価値ある時間にできるよう全力で取り組ませていただきますので、よろしくお願いいたします」

このくらいで結構です。無理に面白い話をしなくてもいい、というのがわかってもらえたでしょうか？

声やテンションのギャップを強調したことと、そのあとに間をとって笑いを待ったこと、そして挨拶しかしていません。

しかしほぼ例外なく、これだけでアイスブレイクは成功します。いかに早く、相手と自分のあいだにある氷の壁を溶かすかだけを考えて、**恥ずかしがらずに思いきり、最大のテンションと声量で話しはじめましょう。**

それだけで、開始1分で確実に話しやすい空気をつくり出せます。

テーマと自分の関係性を演出する

アイスブレイクの次は**パンチトーク**を行います。

「パンチトーク」とは、話し手自身の影響力を高め、聞き手からポジティブな印象を持ってもらうためのトークのこと。**話し手が、そのプレゼンのテーマを語るに値する人物である、と聞き手に認識させ、話の内容に集中できる状態をつくります。**

聞き手が話し手に対し、「あなた、一体誰なんですか?」という感覚を持ったままプレゼンをはじめても、誰も話を聞いてくれません。

また、プレゼンの導入部分でこの疑問を解かずに話の本題に入ってしまうと、聞き手は疑問を抱えたまま話を聞くことになります。これでは、プレゼンテーターがどれだけ素晴らしい内容の話をしたとしても、聞き手が集中できませんし、ネガティブな先入観もあるため理解度や納得度が低くなってしまいます。

これでは、プレゼンをエモいものにすることはできません。

プレゼンの冒頭で高速アイスブレイクをしたら、次はしっかりとパンチトークを行うことを意識しましょう。聞き手を話の内容に引き込むためには必須のステップですから、確実にマスターしてください。

パンチトークは、次の3つのステップを追うことで、自然に話せるようになります。

・プレゼンのテーマを明確にする

・自分の経歴、実績、知識などを紹介し、なぜ自分がこのプレゼンを語るに値するのか、

明確にする

・プレゼンのテーマを通じて聞き手にどうなってほしいのか、熱い想いを伝達する

順に確認していきます。

―プレゼンのテーマを明確にする―

まず、今回のプレゼンは何のためのもので、誰のために、どのような内容について話をするのか、またその結果どうなってほしいのか、などを手短に説明します。

このステップがないまま本題に入ってしまうプレゼンが非常に多いのですが、聞き手からすると、その場合にはこれから何の話をするのかがわからないまま話を聞きはじめることになり、話の内容を理解するのに時間と労力がかかります。

結果、話の内容を咀嚼しきれないままに終わったり、途中で関心を失い、まともに聞いてくれなくなったりすることになります。

こういう事態を避けるため、アイスブレイクのあとには必ず、その日のプレゼンのテーマについて聞き手と認識を共有するようにしましょう。

なぜ自分がこのプレゼンを語るに値するのか、明確にする

たとえば、「お金持ちになる方法」というセミナーに参加したとします。そのセミナーの講師が、こんなフレーズから話しはじめたとしたら、どう感じますか?

> 「私は普通のサラリーマンですが、私の友人にはお金持ちが多いです。その友人たちから聞いた『お金持ちになる方法』を、今日はみなさんにお伝えします」

どうでしょう?

価値のある話を聞ける可能性はゼロではないでしょうが、私なら、その場で次のような不満を感じるでしょう。

- **どうしてこの講師が「お金持ちになる方法」を語れるのか? そんな資格があるのか?**
- **なぜこの講師は、その方法を知っているのにお金持ちになっていないんだ?**
- **講師の友人だという、そのお金持ちの話を直接聞くほうがいいんじゃないか?** など

こうした不安を聞き手に持たせたままプレゼンをはじめてしまったら、プレゼンの目的を達成することは難しいでしょう。つまり、聞き手に意図した行動をさせることができません。

どうすれば、「自分がその内容を語るに値する人物である」と聞き手に伝えることができるのか、説得力が出るように注意して話しましょう。ポイントは、**これまでの実績や経歴を、具体的な数字を入れ込みながら紹介する**ことです。

たとえば先ほど例に出した「お金持ちになる方法」のセミナー講師が、次のように話したらどうでしょうか？

> 「私自身は現在、普通のサラリーマンをしていますが、私のお金持ちの友人50名のノウハウを体系化したセミナーをこれまで300回以上行ってきました。おかげさまで、副業のほうが本業の収入を上回っている状態です（笑）。
>
> 実際に受講後のアンケートでは、年間の貯金額が3倍以上になったという方の割合が90％を超えています。私は「超・お金持ち」ではありませんが、超・お金持ちになる方法は知っています。そして、それをほかの誰よりもうまく伝えられます。
>
> これは、有名な監督が必ず有名な選手だったわけではない、というのと同じです。

私は『監督』としては高い能力を持っていると自負しており、みなさんをお金持ちにできるノウハウを持っています。本日は、そのノウハウについて余すことなくお伝えしていきたいと思っています」

最初の伝え方と比較すると、過去の実績や根拠をはっきり伝えることができていますね。そのために、聞き手に対して安心感を与えられるパンチトークになっています。

このように、プレゼンの本題に入る前に、自分自身をプレゼンすることも怠らないようにしてください。

―聞き手にどうなってほしいのか、想いを伝達する―

パンチトークの最後のステップです。今回のプレゼンを聞いて、その後、聞き手にどうなってほしいのか、あなたの想いを伝えます。

ここで重要となるポイントは、**伝えるときの「熱量」**です。

熱量とは何か？

抽象的でつかみづらい概念かもしれませんが、**話し手の「一生懸命さ」「必死さ」「本気さ」など**を熱量と表現しています。

この熱量がなぜ重要なのか?

それは、「**人は話し手の熱量に引き込まれるから**」です。

たとえうまく話せなかったとしても、話し手の一生懸命に伝えようとする気持ちが聞き手に伝われば、相手の心は動きます。つまり、ただのプレゼンもエモいプレゼンに変わります。

想いを伝達するときには、まず前提として、そのプレゼンで相手の人生を変えるのだ、という強い想いを持つこと。「このプレゼンが終わったら、聞き手にはどのような状態になっていてほしいのか、どんな人生を送ってほしいのか」、しっかりと答えを考えておきます。

たかがプレゼンだと思って、口先だけで話したら熱量は伝わりません。多かれ少なかれ、あなたのひと言が目の前の聞き手一人ひとりの人生を変えるのだ、という確固たる想いを持ってください。

そして、**どう変わってほしいのか、明確に言葉で伝達**します。

「想いは通じる」ということは実際にはありません。

たとえば、レストランに行って「カレーが食べたいなぁ」と思いながら「オムライスをください」と伝えれば、間違いなくオムライスが出てきます。

「カレーが食べたい」と心のなかで思っていたかどうかは、相手には決して伝わりません。

言葉で表現してはじめて、相手に伝えられるのです。

まずは相手の人生を変えるという強い想いを持ち、そして「今日から、あなた（みなさん）にはこうなってほしいのです」とはっきり言葉で宣言します。

このふたつを組み合わせることによって、聞き手にどうなってほしいのか、熱量とともに想いを伝達することが可能となります。

アドリブではいいパンチトークはできない

以上3つのステップをすべて実行することで、有効なパンチトークを行えます。

こうしたパンチトークを行うには、**事前に、話す内容を細部までしっかり決めておくことが必要**です。その場でいきなり思いついて、熱量を持って伝えられるような内容ではありません。
事前に準備をして内容を練り込んでおき、本番に臨む必要があるということを忘れないでください。これは、高速アイスブレイクについても同様です。

以上、高速アイスブレイクに1分、パンチトークに1分の合計2分程度で、場の空気を話しやすいものに変え、聞き手のあなたに対する疑念や不安を完全に解消し、素直に話の内容に引き込むための準備が完了します。

いわば、**エモいプレゼンの下ごしらえ**です。

ぜひとも、この応用テクニックを身につけるようにしてください。

応用テクニック2

質問・エピソード・結論のどれかで本題を切り出し飽きさせない

プレゼン冒頭の高速アイスブレイクとパンチトークによって、話し手に対する聞き手の不安や疑問を解消し、話しやすい空気をつくることはできました。

第3章の基本テクニックで話し手自身に対する興味も引き出せます。

しかし、肝心のプレゼンの内容については、聞き手はまだ興味を持っていません。

そのままでも、興味の対象が自然に話の内容に移っていくことはありますが、**「話のはじめ方」によってそのスピードを速め、聞き手の関心を即座に話の本題へと移行させましょう。**そうして話の内容にしっかり興味を持たせることで、はじめてエモいプレゼンが実現します。当然ですが、**関心を持てない内容のプレゼンで、聞き手が感動することはありません。**

第2の応用テクニックとして、ここではその「話のはじめ方」を紹介しましょう。プレゼンの基本構成で言うと、「ボディ」のステップの冒頭で使うべきテクニックとなります。

関心のピークを後ろにずらす

第2章でも紹介したように、プレゼンの内容に対する聞き手の興味は、プレゼンの開始直後にピークがあります。

「オープニング」ステップでの高速アイスブレイクとパンチトーク、さらには違和感を引き出す基本テクニックを使えば、そのピークを持続させたまま、「ボディ」ステップへと移っていけます。しかし、そこで普通に本題に入っていったら、すぐに聞き手の興味・関心は下がっていきます。

どうすれば、放っておけばどんどん低下していく聞き手の興味・関心を、さらに長いあいだ高い状態に維持できるのでしょうか？

ここで、ふたつの「話のはじめ方」を比較してみましょう（繰り返しますが、ここで言う「話のはじめ方」は、「ボディ」ステップ冒頭での本題の切り出し方の意味です）。

架空の石けんメーカーの社員が行う、社内での市場分析プレゼンを例にしてみましょう。次のうち、どちらの「話のはじめ方」がその後の話の内容により興味を感じさせるか、考えてみてください。

A：それでは、現状の分析からお伝えします。こちらのグラフをご覧ください。これは、当社の既存製品であるボディーソープ「泡エ～ル」の購入者に対して実施した、アンケートの結果をまとめたものです。ボディーソープを選ぶ際にもっとも重視している点は、男性の1位が『価格』。続いて、『爽快感』を重視しているというデータがとれました。一方の女性では、トップは『清潔感』です。続いて、『保湿成分』を重視しているようです。以上のデータから、男性と女性ではボディーソープに対するニーズが大きく異なっている、ということが言えます。本日は、それら異なるニーズのすべてに応えようとしてしまっていた「泡エ～ル」の課題点の共有と、今後の商品戦略および改善策の提案について、ご承認をいただきたく思っています。

B：みなさんに質問です。みなさんはボディーソープを選ぶ際に、どのような点を重視して選んでいますか？

Aさん、いかがでしょうか？

……なるほど、『ブランド』ですね。ありがとうございます。

ほかの方はどうでしょうか？　はい、Bさん。

……なるほど、『価格』ですね。ありがとうございます。これは重要ですよね。

Cさんはいかがでしょうか？

……おー、なるほど。どこの店舗でも同じものが買えるという『流通状況』ですね。

確かに、いいと思ったものは使い続けたいですよね。ありがとうございます。

……さて、このように、ボディソープという製品は同じでも、人によって期待するニーズは異なります。本日は、それら異なるニーズのすべてに応えようとしてしまっていた、我が社の既存製品「泡エ〜ル」の課題点の共有と、今後の商品戦略および改善策の提案について、ご承認をいただきたく思っています。

いかがでしょうか？　両者を比較してみると、Aがいきなり本題に入っているのに対し、

Bでは**質問からはじめることによって、聞き手を巻き込んだ一体型の導入を行っています。**

またAは、聞き手全員にとって今回のプレゼンが必要である、という前提を当然のものとして話しはじめていますが、一方のBでは**質問によって、プレゼンのテーマを聞き手の「自分事」にしたうえで話しはじめています。**

当然ですが、Bの「話のはじめ方」のほうが聞き手の興味・関心は高まり、その後の内容に聞き手をより強く引き込めるようになります。

こうした「質問ではじめる手法」は、エモいプレゼンで定番とすべき「本題への導入方法」のひとつです。ここでは、こうした定番の導入方法について解説しましょう。

3つの導入方法を覚えれば十分

効果的な「ボディ」ステップのはじめ方には、実は次の3つのパターンしかありません。

- **質問からはじめる**
- **エピソードからはじめる**

・結論からはじめる

とても簡単ですから、状況に合わせて、もしくは自分がやりやすいものを活用して、プレゼンを組み立ててみてください。順番に見ていきます。

―質問からはじめる―

先ほどの例でも使った「ボディ」ステップへの導入方法です。**これがもっとも効果的で、しかもどんなテーマでも使いやすい導入方法**であるように思います。

「ボディ」ステップの冒頭で、「みなさんにひとつ質問があります」などと伝え、プレゼンの内容に関連した質問を聞き手に投げかけます。

または、「このなかで●●●についてご存知の方はどれくらいいらっしゃいますか?」などと問いかけ、聞き手の現在の理解度や知識レベルを確認したりします。

このように冒頭で質問を投げかけ、聞き手に考えさせる時間を持たせることで、**話し手が一方的に話し続ける状態になることを防ぐ**と同時に、**プレゼンの内容に興味を持たせる**ことが可能です。聞き手参加型のインタラクティブ(双方向)なプレゼンにできるのです。

まったく興味のない話を、ただひたすらに聞かせ続けられる苦痛には、想像を絶するものがあります。みなさんも、話したいことを勝手に話し続ける話し手が、聞き手を置きざりにしている場面に遭遇したことがあるのではないでしょうか？

こうなると、外見では聞き手がうなずいていたとしても、ほぼ確実に話を聞いていません。右の耳から左の耳に話が抜けていることは明らかであり、双方にとって時間の無駄です。質問ではじめることによって、そうした事態を避けられるのです。

また、この方法は3つの導入パターンのうちではもっとも使いやすいので、話術に自信のない方は、まずは質問を使いながら本題に入ることを心がけてください。

そして、その場合の実際の質問（とその後の話のつなぎ方）には、大きく分けて次のふたつのタイプがあることも覚えておきましょう。

①課題を認識させる質問

聞き手の抱えている問題や課題が、あなたのプレゼンを聞くことで解消する、と示すことで興味を持たせるタイプの質問です。

（例）「毎年、年始に目標を立てるものの、なかなかその目標を達成できずに終わってしまうという方、どのくらいいらっしゃいますか？
今後も、これまでと変わらない目標の立て方のままで不安はないですか？」
→「みなさんの課題を解決する方法を今日お伝えいたします」などとつなぎます。

②未来に期待させる質問

聞き手にいま課題があるかどうかには関係なく、今後、もっとよくなる方法があったとしたら興味はありませんか、と未来への興味を引き出すタイプの質問です。

（例）「『年間、あと60万円多く貯金できる方法があります！』と言われたら、どうでしょうか？　ご興味ありませんか？」
→「今日はみなさんに、月々あと5万円多く貯金できる方法をお伝えします」などとつなぎます。

質問によって「ボディ」ステップへの導入を行う場合には、プレゼンのテーマに応じて、

どんな質問が適しているかは状況による

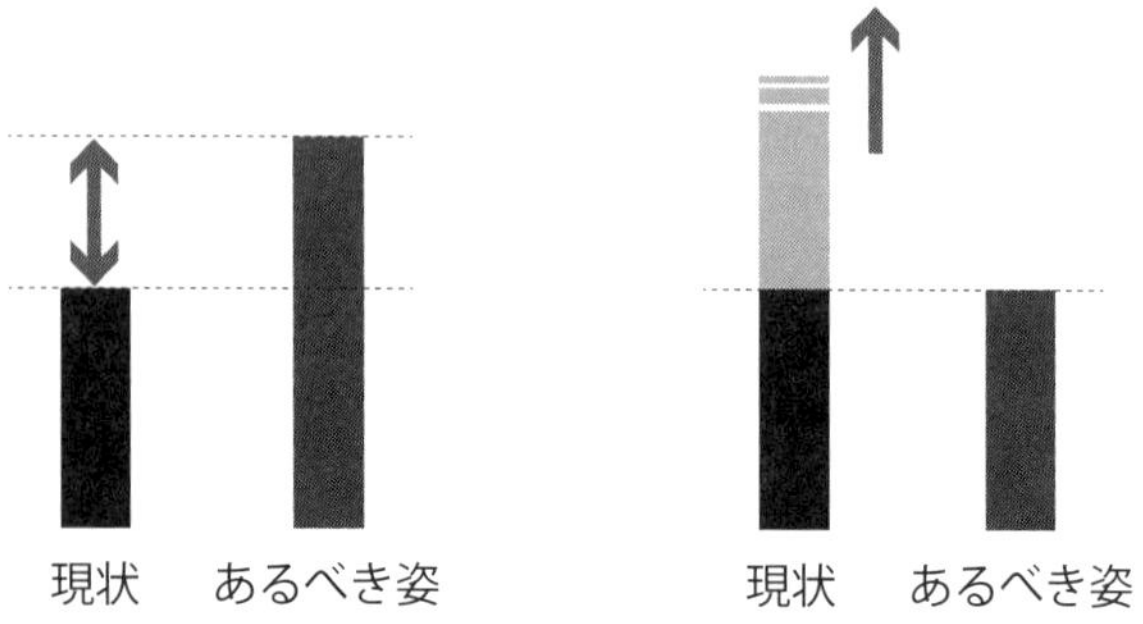

①の「課題を認識させる質問」が適した状況

②の「未来に期待させる質問」が適した状況

この「①課題を認識させる質問」か「②未来に期待させる質問」か、どちらかを使えばＯＫです。もし、このふたつの質問の使い分けがイメージしにくいときには、上の図を参照してください。

「あるべき姿」に対して現状が劣っているため、その差を埋めたい気持ちを引き出すのが「①課題を認識させる質問」です（上左図参照）。

一方、現状と「あるべき姿」に大きな差はないけれども、さらに高いレベルに現状を引き上げたい、という気持ちを引き出すのが「②未来に期待させる質問」です（上右図参照）。

一般的には、あなたのプレゼンによって聞き手の現状に対する課題・不満を解消させるケースが多いので、**①の「課題を認識させる質問」**

からはじめるパターンが多くなるはずです。②の「未来に期待させる質問」は、そうでない場合に使えばいいでしょう。

エピソードからはじめる

続いて、エピソードからはじめる「ボディ」ステップの導入法を紹介します。

「エピソード」とは、物語の途中に挟み込まれたちょっとした話、挿話のこと。**エモいプレゼンの本題を切り出す際に、あえて別のちょっとした話からはじめることで、人が持つ「ストーリーに引き込まれる」という特性を利用し、興味を引きつける**手法です。

例を挙げると、次のような「話のはじめ方」があります。

「先日、本を読んでいてとても面白い気づきがありました」（自分の経験談）
「私が尊敬している経営者、松下幸之助さんの言葉に、このようなものがあります」（著名人の話）
「人間万事塞翁《さいおう》が馬、という言葉があります」（ことわざ・故事成語・名言）
「仮に現在の知識と体力を持ったまま、小学生に戻ったとします」（たとえ話）

私の場合は、この4つのパターン、「**経験談**」「**著名人の話**」「**ことわざ・故事成語・名言**」「**たとえ話**」のいずれかを活用することがほとんどです。

プレゼンの本題との関連性が強いエピソードを持ち出して、うまく導入の流れをつくることができれば、聞き手の興味を一気に高められます。

ただし、質問を使った本題への導入と比べて、エピソードを使った本題への導入は若干難易度が高い方法になることは認識しておきましょう。自分のトーク1本で、聞き手をエピソードの内容に引き込む必要があるため、**緩急や抑揚のある話し方が求められる**からです。

エピソードからはじめる場合には、事前にしっかりと話す練習をしておくことが必須ということです。

聞き手がすでによく知っている人たちばかりのときや、自分自身、話すのが得意という状況ではお勧めの方法となりますが、話すことにそれほど自信を持っていない人は、「こんな方法もある」と頭に入れておく程度でいいでしょう。プレゼンに慣れてきたら、活用してみてください。

―結論からはじめる―

いきなり結論からはじめる方法もあります。

> 「本日は来期の事業戦略の共有を行います。全員が戦略の意図を正しく理解し、お互いの認識に齟齬がない状況で、各グループの戦略に落とし込める状態にしましょう！」

このように、**最初に本題の結論を伝えてから、その理由について細かく解説していく**方法です。

とくにビジネスにおけるプレゼンでは、多くの方がこのパターンを選択します。その日のプレゼンが何を目的にしたものなのか明確にして、端的にわかりやすいロジックで聞き手に伝え、忙しい相手に負荷をかけないようにするためです。

なお、**この結論からはじめる方法は、質問を使った本題への導入と組み合わせることも可能**です。聞き手をより効果的に本題へと引き込めますから、覚えておいてください。

どんなふうに本題を切り出すか、「引き出し」の数を増やしておくことはとても大切なことです。そもそも引き出しを持っていなければ、いざというときに開くことすらできません。

まずは導入方法に3つのパターンがあることを知っておくことが第一歩。

それぞれの違いを認識して、少しずつでも場面や状況に応じた使い分けができるようにしていきましょう。

応用テクニック3

適切な指示や声かけで行動を通じて感情を自在に動かす

あなたは、相手の行動と感情では、どちらがコントロールしやすいと思いますか?

私は、**行動のほうがコントロールしやすい**と考えています。

なぜなら相手がこちらの言葉や行動をどう解釈し、どう感じるのかは完全に相手次第のものですが、たとえば相手に「手を上げてもらう」という行動は、言葉で依頼することで比較的簡単にコントロールできるからです。

そして**行動には、感情を変化させる力があります**。

たとえば、初対面の人同士が集まっている場でプレゼンを行う際に、「まずは隣の席の方と握手をして、そのままの状態でお互いに自己紹介をし合ってください」という行動を指示したとします。

実際にこの行動をとらせると、会場に一体感が生まれ明るい雰囲気がつくられます。隣の初対面の人と休憩中に雑談ができる程度にはすぐに仲よくなれます。聞き手の緊張も解け、次の指示を受け入れやすい心理状態にできます。

ほかにも、「立ち上がって背伸びをしてもらう」とか「聞き手全員に同じ掛け声を出してもらう」といった行動の指示も、同様にさまざまな感情の変化を生み出します。

このように、行動を通じて聞き手の感情を変化させることが可能なのです。

「エモいプレゼン」と言うと、話し手が感動的な伝え方をすることで、聞き手の感情を強引に揺さぶるという一方的なスキルを想像するかもしれません。確かにそうしたテクニックもいくつかあり、本書でもそれらを紹介していますが、感情とは相手が心のなかで感じるものですから、**話し手が完全に聞き手の感情をコントロールすることは不可能**です。

本当に聞き手の心を揺さぶるプレゼンとは、**聞き手も興味や関心を持って話し手の話を聞き、主体的にプレゼンに参加するなかで共感し、それによって話し手の感情が聞き手に伝染し、結果的に大きな感動を呼ぶ**というものです。

聞き手を行動させながら、感情まで変化させていく方法を紹介していきましょう。

視線を引きつけたら二度と離すな！

まずは基本として、聞き手の視線をコントロールするテクニックがあります。

どのようなプレゼンにおいても、**聞き手の視線を話し手がコントロールしておくことは非常に大切**です。なぜなら、人が同じ時間内（たとえば5秒間）で受けとれる情報量は、聴覚よりも視覚を通した場合のほうが圧倒的に多いからです。

聞き手の視線を話し手が上手にコントロールすることで、より多くの情報を聞き手の脳内に届けられます。結果として、プレゼンの内容へのより深い理解や共感につながります。

ひとつ例を出しましょう。次の説明文を読み上げて、説明されているものをイメージしてみてください。

「空気と燃料を混合させたものに火花を飛ばし、爆発させることで得られるエネルギーを動力に変換できる構造物」

どうでしょうか？　この説明文で構造物を完全にイメージできましたか？　誰かほかの人に、その構造物の活用方法について説明できそうですか？

ほとんどの人は、こうした音声情報では込み入った内容を瞬時に咀嚼できません。

では、下の図ではどうでしょうか？

こちらであれば、先ほどの「謎の構造物」が何なのかひと目でわかる人が多いでしょう。そう、エンジンです。

視覚をとおして情報を取得した場合、情報量が非常に多いので、多くを語らなくとも明確なイメージができます。これまでのあなたが見てきたものや経験も活用しながら、情報を補うことも可能です。脳がそうした作業を瞬時に行ってくれます。百聞は一

この図が示しているものは？

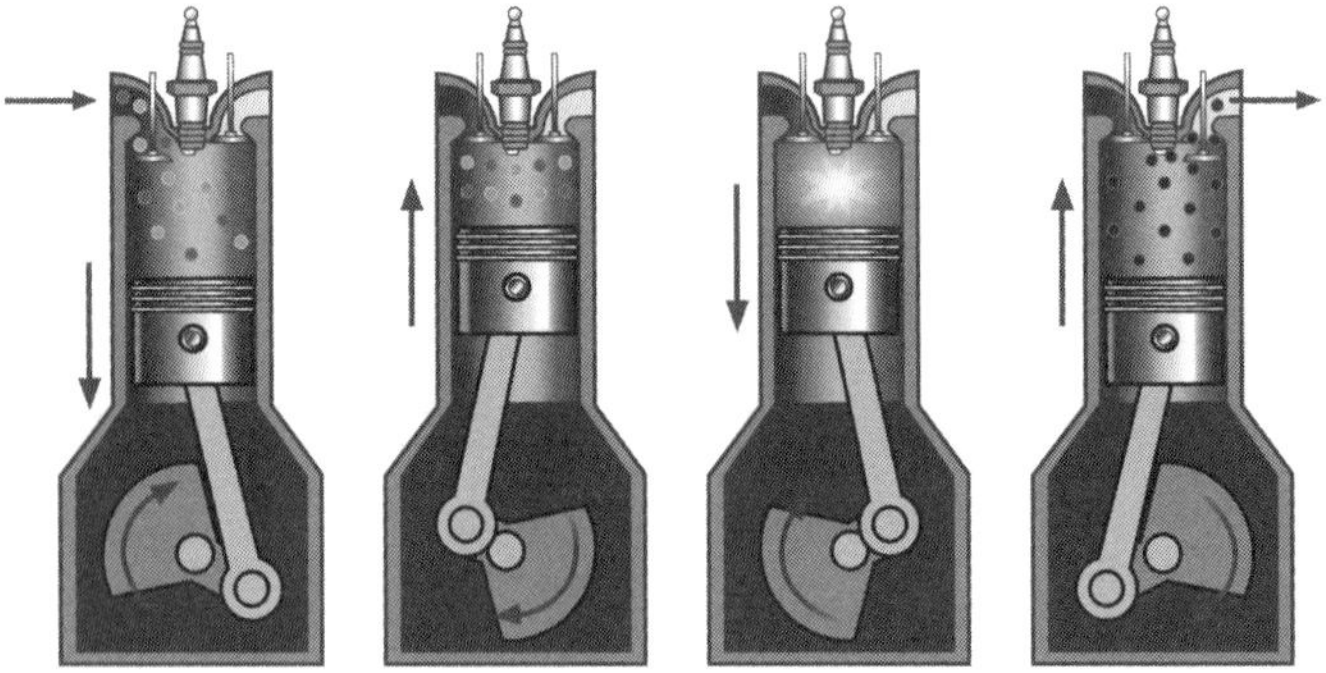

© Artwork Studio BKK / PIXTA（ピクスタ）

見に如《し》かずとは、まさにこのことです。

このように、視覚情報は非常に重要なものであるにもかかわらず、プレゼン中には話すことに一生懸命になるあまり、聞き手がどこを見ているのかまでは気にかけないプレゼンテーターが大勢います。

そのため、聞き手はふと興味を持った場所に視線を移したり、場合によっては下を向いたまま聞いていたり、という状況すらあります。

これでは、聞き手の感情を揺さぶるエモいプレゼンなどとても実践できません。話の内容を正しく理解してもらうことすらままなりません。

「**聞き手の視線がいまどこに向いているのか？**」を常に気にかけておく必要があることを、しっかり頭に入れておいてください。

見てほしかったら「見てください」

では実際に、どのように視線をコントロールするのか？

方法は非常にシンプルです。「こちらをご覧ください」と、**聞き手に見てほしい対象をはっきり言葉で伝えます**。

そのうえで、**実際に聞き手の視線がそこに集まるまでは、次の話をはじめないようにします**。これだけです。

たとえば話がテンポよく展開していくプレゼンでは、資料やスライドを見ればいいのか、話し手のほうを見ればいいのかわからなくなることがよくあります。

また、資料やスライドを見るべきときでも、図を見ればいいのか、下線が引いてある部分を見ればいいのか、指示がなければ聞き手にはすぐにわかりません。**何も指示がなければ、聞き手は自分が気になった箇所を勝手に見ることになります**。

聴衆全員が異なる興味・関心を持っています。別々のことを考えながらプレゼンに参加するわけです。となれば、プレゼン終了時に聞き手が抱いている感情も、それぞれ別々のものになります。これでは聞き手の感情を動かし、結果として意図した行動をさせる、というエモいプレゼンの目的を達成できません。

プレゼン時に資料やスライドを使いたいのであれば、必ずその都度、「スライドの左側のグラフをご覧ください」などと具体的に見るべき箇所を伝え、実際にスライド左側のグラフを指しながら、聞き手の視線が集まるのを待ちます。

そして、全員の視線が集まったことを確認してから、次の話を展開しましょう。


視線が集まる前に話しはじめると、視線を向けていなくても「プレゼンが進む」と聞き手に認識させてしまいます。そうすると集中して聞こうという聞き手の数は減ってしまいます。聞き手が視線をどこに動かすべきか、細かく指示をしてコントロールし、聞き手の集中力を持続させる助けとしてください。その責任は話し手にあるのです。

話を聞きたくて仕方なくさせろ

視覚情報と同じように重要なのが、聴覚を通じた聴覚情報です。

どちらがより重要か、という話ではなく、どちらも重要です。

目で見て、耳で聞いて、心で感じるというのは3つでひとつです。どれかが大切なのではなく、3つをバランスよく使って情報を取得・伝達することが大切です。

さて、聴覚情報というのは、「何を話しているのか」という言語情報としてではなく、「どのような音が聞こえているのか」という音声情報として聞き手には受け取られます。

わかりにくいと思うので、もう少し説明しておきましょう。たとえば私が、「昨日は公園でサッカーをしました」と誰かに伝えたとします。

このとき、相手が「この人は昨日、公園でサッカーをしたのだな」と考えた場合には、その人は聴覚情報を言語情報として受け取っています。

一方、「大きな明るい声で、楽しそうに少し早口で話しているな」と考えた場合には、その人は聴覚情報を単なる音声情報として受け取っています。

このふたつは、片方だけで受け取られることもありますし、同時に受け取られることもあります。

そのうえで、ふたつのうち、話し手がまずはどちらをより強く意識すべきかと言えば、後者の「音声情報」の伝達です。

なぜなら、**そもそも音として相手の耳に届かなくては、プレゼンテーターがどんなに素晴らしい言語情報を発していても、まったく意味がない**からです。

実際に多くのプレゼンを聞いていると、とてもいい話をしているにも関わらず、声量が小さいために肝心のメインメッセージが聞き手全員に聞こえていない、という非常に残念な場面に遭遇することがよくあります（こうなると、勢いあまって私が代わりに大声で伝えたくなります）。

よく聞こえない話を聞かされると、聞き手は「別に聞かなくてもいい話」と判断し、話し手の発する声に意識を向けなくなります。そして、そこから話し手がいくらよい話をしたとしても、聞き手には一切情報として届かなくなります。

このように、プレゼン中、聞き手に聴覚情報をシャットダウンされることだけは絶対に避けなければなりません。

聞き手全員に聞こえる声量で、聞きやすいトーンで、聞きやすいスピードで、聞きやすい間をとりながら音声情報を伝達することを、確実に行ってください。

まずは聞かせること。

くどいですが、「話している詳細な内容よりも、そもそも話し手が話している声が聞き手にしっかり届いていることのほうが重要」なのですから。

言語情報で聞き手の集中力も管理する

もうひとつ、**聞き手が集中する姿勢についても、話し手がコントロールすべき**です。

集中して聞いてくれさえすれば、重要な情報が聞き手の頭と心に残り、その後の行動につなげてもらえる可能性が高くなります。

しかし、この「聞き手を集中させる」ことは、なかなかに難しい課題です。

私もかつて、学習塾で指導をしている際に、生徒の集中力を維持させる方法について非常に悩みました。そのなかで見い出したもっとも効果的な方法を紹介します。

それこそが、**前述の「視覚情報」と「音声情報」、さらに余計なことを考えさせないための「言語情報」の3つを組み合わせる方法**です。

視覚情報と音声情報についてはすでに解説しましたから、ここでは言語情報について解説します。

まずは**プレゼン中、聞き手が安心して話の内容に集中できるようにする言語情報を、事前に伝えましょう**。聞き手を不安にさせてしまったら、どれほど素晴らしい話であっても決して集中できないからです。

たとえばプレゼン中、聞き手は「どれくらいの時間、話を聞いていれば終わるのだろう」という不安をよく抱きます。ゴールが見えない話につき合うことほど、不安と苦痛を感じる時間はありません。そして、いったん不安を感じるとそのことばかり考えてしまうため、肝心のプレゼンの内容が頭に入らなくなります。

事前に話し手がたったひと言、「これから30分間、私からお話をいたしまして、その後、10分間の質疑応答に入らせていただきます」と伝えていたら、この不安は消すことができます。聞き手にこのような小さな不安を感じさせないよう、言語情報もフルに活用していきましょう。

そのためのポイントは、「プレゼンの全体地図と現在地を常に聞き手に見せること」です。

①冒頭で、本日のアジェンダ・予定時間を伝える
②冒頭で、本日の目的と聞き手に対する期待を伝える
③中盤で、ここまでの重要なポイントを整理する
④終盤で、本日の重要なポイントを再度整理する

このように、**常に全体の地図のなかで、いま自分たちはどこにいて、さらには何が重要で、何が重要ではないのかがわかるように言葉を使って伝えます**。

「はい、今日のプレゼンはこれで終わりで、いまから質疑応答に移ります。
その前に、今日は先ほどお伝えしたこのポイントだけは必ず覚えて帰ってくださいね！　それ以外はすべて忘れても構いません。
ただ、この1点だけは覚えて帰ると約束してください！　いいですか？」

こんな感じです。このような伝え方をしてもらえたら、聞き手はプレゼンの内容を全部覚えなければならないというプレッシャーからも解放されます。そして、重要な要点については覚えておこうとするでしょう。

常に聞き手が不安を感じないように先回りして、安心した心理状態で集中して話を聞ける環境をつくってください。

その環境をつくれるのは、話し手であるあなたしかいないのです。

応用テクニック4

何はともあれまず結論 聞き手もそのほうが共感しやすい

聞き手の感情を揺さぶる「エモいプレゼン」を行うには、**聞き手に「この話は簡単だ」と思わせる必要もあります。**

聞き手が話の内容に共感するまでの経過は、次のように分解できます。

①話し手に興味を持つ
↓②ひとまず話を聞いてみる
↓③話の内容を理解できる
↓④プレゼンの内容に興味を持つ
↓⑤より深く理解しようと、自ら詳細情報をとりにいく

↓
⑥話に引き込まれる
↓
⑦話し手の想いに共感する

聞き手の状況がこのように最後まで変化したときに、はじめて「エモいプレゼン」が実現します。

このうち、③の「話の内容を理解できる」という段階に注目してください。当然ですが、**聞き手は話の内容を理解できるときにだけ、プレゼンの内容に対して興味を持ちます**。何を話しているかはまったくわからないけれど、何故だかすごく興味がある、という状況は現実にはまずありえません。もしも聞き手が「話の内容を理解できない」なら、そもそもプレゼン自体に興味を持てなくなり、余計に何の話なのかわからなくなり、その先にある共感を引き出すこともできない、というのが当然の帰結です。

つまり、話の内容を聞き手に確実に理解させることが重要なのです。少なくとも理解させることができれば、聞き手は、その内容に対する興味も持ってくれる可能性があります。そうすれば、何を話すにしても聞き手が自ら理解しようと取り組んでくれますから、共感まで届く可能性が高まります。

多少極論ですが、**話の内容を聞き手に理解さえしてもらえたら、「エモいプレゼン」は8割成功したも同然**と言っていいでしょう。

ここでは、聞き手に確実に話の内容を理解させ、「この話は簡単だ！」と感じてもらうための「**話のつくり方**」について伝えていきます。

「で、要はなんなの？」の問いにひと言で答えよ

例として、先日、友人から「気になる女性をデートに誘いたいが、うまく誘えない」という相談を受けたときのことを紹介しましょう。

私が彼に、これからどうするつもりなのかを尋ねると、まずその女性の趣味を聞き出し、その趣味について詳しくなり、共通の話題をつくって仲よくなって、一度カフェに誘って、それからふだん週末に何をして過ごしているのかを聞き、その週末の過ごし方に合わせてデートプランを立て、デートに誘ってみようと考えている……と教えてくれました。

それを聞いた私のアドバイスは、

「いますぐ『今週末ヒマですか？　よかったら、一緒に映画を見に行きませんか？』とひと言かけるだけでよくないか？」

というものでした。

「それが言えたら相談などしていない！」とひどく怒られたのですが、私がもしその女性だったら、ただ自分と話をしたいだけなのか、友人になりたいのか、何か相談があるのか、恋人候補としてデートをしたいのか、何をどうしたいのかまず伝えてもらわなければ、どう反応していいのかわからないのでは……と考えたのです。

このひと言なら、暗黙のうちにその女性に好意を持っていることを、一瞬で伝えられるでしょう。

たとえば、あなたが友人だと思っていた異性から、突然「好きです」と告白され、返事を保留にした状況を想定してみてください。

その日以降、その異性に会ったとき、あなたは恐らく「この人は、私のことが好きなんだよね……」と考えながら接するはずです。

これが重要です。すでに「あなたに好意があり、できればおつき合いしたい」という結論を伝えてあることによって、あなたがその異性を見る目が変わります。そして……高い確率でその人のことが気になりはじめるでしょう。

もちろん実際におつき合いするかどうかは別の話ですが、少なくとも「気になる存在」になることは間違いありません。なぜならあなたは、その人があなたのことを好きで、つき合ってほしいと思っていることを知っているからです。

「何が言いたいの？」と言われそうですが、私がこのエピソードで伝えたいのは、女性をデートに誘うテクニックの話ではありません。

「先に結論を伝えれば、その結論を前提にして相手が話を聞いてくれるため、そこにたどり着くまでのお互いのコミュニケーションコストが軽減される」という話です。

結論をまず伝えるというのは、ときには不躾に感じたり、先ほどの例のように口にするのに勇気が必要だったりするため、多くの人がつい避けてしまうコミュニケーションのスタイルです。

しかし、**結論を先に伝えるのを避けて遠回りに話を進めていく方法では、聞いているほうからするとなかなか話の結論が見えず、何をしてほしくて話を聞かされているのか、相手の意図を理解しようとして脳に余計な負荷がかかります。**

話が長ければ長いほど、イライラも溜まりやすくなります。結局、なんの話をしているのか理解できなくなる（脳が理解を拒絶する）こともよくあります。

こうした事態は、実はたったひとつの工夫で解決できます。

「で、要はなんなの？」の問いに対してひと言で答え、最初に伝えてしまうという工夫です。

たったこれだけで、聞き手は「この話は簡単だ！」と思ってくれるのです。

あなたのプレゼンの際にも、聞き手からの「で、要はなんなの？」という問いへの答えを、「ボディ」のステップの最初に伝えるようにしましょう。

そのひと言が聞き手の負荷を減らし、聞き手のよりよい理解につながります。そして、最終的には共感にまで達するのです。

何を言っているのかわからないと言われる原因は3つ

プレゼンに自信がない方から受ける相談には、「何を言いたいのかわからないと言われる」というものもあります。自分は伝えたいことがあるのに、相手に思うように伝わらないときには、なんとも言えない歯がゆさがあります。

しかし、安心してください。この**「何を言いたいのかわからない」と言われる状態には、たった3つしか原因がありません。**

それぞれに対処法も明確ですから、これらを攻略できれば、あなたの話は見違えるほどにわかりやすく、簡単な話に生まれ変わります。

―①主張が主張になっていない―

ひとつめの原因は、**プレゼン全体で「主張が主張になっていない」**というものです。

聞き手に時間を割いてもらい、自分の話を聞いてもらうということは、そこには何らかの主張があるはずです。それを伝えたいから話をしているはずです。

しかし困ったことに、主張が主張になっていないプレゼンが多数存在します。

そうなってしまう理由は、聞き手は常に、自分のなかの「いまはこういうことを聞きたい」という期待に応える情報を探しながら話を聞くため、**話し手がいくら主張をしたつもりでいても、そこに聞き手が期待する情報が含まれていないと、「主張がない」と受け取られてしまう**からです。例を用いて確認してみましょう。

勤務先の営業進捗会議で、営業マンが今月の営業報告を行っている場面を想像してください。このとき、あなたなら次のうちどれを営業報告での「主張」にしますか？

A：今月の目標達成率は90％でした。

B：今月は先月と比較して商談数を増やすことができ、その点はよかったと思います。

C：未達成の原因は、今月は先月と比較して受注率が低かったことです。

D：受注率が低かったのは、決定権を持つ方の同席を得られなかった商談が多かったことが原因だと想定されます。

E：来月は決定権を持つ方に同席していただけるよう、事前に根回しをしてから商談を行います。

いかがでしょうか？

実はこの問題、状況によってはどれも正解になりえます。

では、何によって正しい「主張」が決まるのかと言えば、「聞き手がどのような情報を求めているのか」によって決まります。上司（聞き手）の求めているものと、それぞれの場合の正しい「主張」との関係を例示すると、次のようになるでしょう。

上司「今月の目標達成率についてまだ数字を見ていないので、達成率を中心に聞かせてほしい」

↓この場合の正しい「主張」は、Aの「今月の目標達成率は90％でした」になります。

上司「今月、改善できた取り組みを中心に話を聞かせてほしい」

↓この場合の正しい「主張」は、Bの「今月は先月と比較して商談数を増やすことができ、その点はよかったと思います」になります。

上司「今月は営業部の全員が目標未達成だった。それぞれが考える原因について知っておきたい」

→この場合の正しい「主張」は、Cの「未達成の原因は、今月は先月と比較して受注率が低かったことです」になります。

上司「今月は営業マン全員の受注率が低下したと報告を受けているので、その原因についてそれぞれの意見を聞かせてほしい」

→この場合の正しい「主張」は、Dの「受注率が低かったのは、決定権を持つ方の同席を得られなかった商談が多かったことが原因だと想定されます」になります。

上司「今後、取り組むべき行動を踏まえ、来月のアクションプランについて共有してほしい」

→この場合の正しい「主張」は、Eの「来月は決定権を持つ方に同席していただけるよう、事前に根回しをしてから商談を行います」になります。

このように、**聞き手がどのような情報を求めてその場にいるのか、事前に把握したうえで**

それに合わせた主張を行わなければ、聞き手は、それがあなたの「主張」であると正しく認識してくれません。

仮にこの会議で「取引先のA部長と非常に仲よくなることができました！」などと主張したところで、それは聞き手が求めている情報ではまったくないので、「主張があるプレゼン」としては認識されません。「何を言っているのかわからない」と言われてしまうでしょう。

あくまでも、聞き手が求めている情報を伝えるのが「主張」であるということをしっかり頭に入れておいてください。**主張は、聞き手がどのような情報を求めているかによって、上手に使い分けるべき**なのです。

―②根拠が根拠になっていない―

続いての原因は、**根拠の欠落**です。根拠がないと、プレゼンでの「主張」の説得力は、大きく低下します。

いまが勤務先の企画会議で、新商品のシャンプーのネーミングを決めている場面だとしましょう。このとき、ふたつの案のうちどちらが消費者の手にとってもらいやすいか、検討しているときの会話を例示してみます。

あなた「私は、A案の『ふわりさらり』が適切だと思います」
上司「なるほど、なぜそう思ったの？」
あなた「『ふわりさらり』のほうが柔らかい感じがして、消費者の意識に残りやすいのではないか、と思ったからです」
上司「柔らかい……か。具体的にはどういうこと？　柔らかいイメージのほうが消費者の意識に残りやすい、と思ったのはなぜ？」
あなた「え？　少なくとも私は、そのほうがシャンプーだと認識しやすいです」
上司「そうか……。では、ターゲットが30代男性であるという点も踏まえて、改めてA案を選択した理由を聞かせてくれ」
あなた「はい。最近は髪の長い男性が多いため、この点を考慮しても、シャンプーのネーミングには『さらさら』のイメージを持たせるほうがよいと思いました」
上司「ふむ……ターゲット層に長髪の男性が多いというのは、何の情報に基づいているのかな？」
あなた「私の肌感覚です。しかし、それほど実態とはズレていないと思います」
上司「………」

この会話の様子では、意見としてまともに取り合ってもらえない可能性が高いですね。経験や勘も、ときとして意思決定のための重要な要素となることは確かです。しかし、誰かに対して自分の意見を示す状況では、主張に対する根拠が十分でないと、説得力が大幅に低下します。なぜなら、**根拠がなければ、聞き手が主張の妥当性を客観的に評価できないから**です。

しかも、こういう場面では聞き手のほうが気を遣って、不足している根拠を頭のなかで補足しなければならないため、聞き手に負荷をかける話し方になってしまいます。これでは、心を揺さぶるエモいプレゼンどころの話ではありません。

プレゼンでは、常に自らの主張を補強する「根拠」を合わせて主張すべきなのです。

なお、根拠はひとつでも構いませんが、3つ用意するとより強い説得力が生まれますから、意識するといいでしょう。ふだんから主張に対する根拠を考える練習をしておいてください。

【練習問題】

あなたは、「ビジネスマンは手提げかばんや肩掛けバックではなく、リュックで出社すべきである」という主張をするとします。このときに、どのような根拠を用意しますか？　誰が聞いても「一理ある」と納得するような根拠を用意してみてください。

これが正解、という答えはありません。あなたなりの答えをつくってみましょう。

③聞き手にどうしてほしいのかわからない

3つめの原因は、「**結局、どうしてほしいのかわからない**」というものです。

たとえ聞き手が「なるほど」と納得したとしても、その後にどんな行動をすればいいのかわからなければ、何も行動できません。

プレゼンの目的は「聞き手に行動してもらうこと」です。「エモいプレゼン」でもそれは同じ。つまり、この状態のままでは目的は達成されません。

聞き手に何をしてほしいのか、話し手がはっきり伝えましょう。そうしなければ聞き手は動きません。


これも例を使って確認しましょう。

唐突ですが、私が好きな「鍋料理」に関するプレゼンを考えました。

私がこのプレゼンを通じて、あなたにどんな行動をしてほしいと思っているのか、考えてみてください。


本日は、「鍋料理がいかに素晴らしいものなのか」というお話をいたします。

なぜ私がそう主張するのか、理由は3つあります。

ひとつめの理由は、野菜たっぷりで栄養満点、しかもおいしいからです。料理は栄養バランスと味のどちらも重要ですが、鍋料理は両方を同時に満たしてくれる大変優れた料理です。

ふたつめの理由は、材料費が安上がりであることです。なんと、材料は冷蔵庫にある前日の残りの野菜でＯＫ。こんなに材料に悩まなくていい料理はそうそうありません！

最後の理由は、調理がとても手軽であることです。材料を切って、お鍋に入れて火をつけるだけ。忙しいあなたでも短時間で調理が可能です。

以上の理由から、「鍋料理は、最高だ！」と私は思うのです。


では確認です。このプレゼンを聞いたあなたは、どんな行動をしようと思いましたか？

私は、鍋料理が最高だという「主張」とその「理由」は述べましたから、もしかしたら「そうそう、お鍋はいいよね」という共感は抱いてもらえたかもしれません。しかし、**共感してもらうことができても、行動してもらえなければダメ**なのです。

実は先ほどの私のプレゼンの目的は「今日、あなたに鍋料理を食べてもらうこと」でした。

……食べようと思いましたか？

急に「鍋、最高！」と言われても、「はぁ、そうですね」としか思いませんよね？

しかし今日あなたに、なんとしても鍋料理を食べてもらわなければ、私のプレゼンの目的は果たせないのです。これで終わってはダメなのです（すごい状況ですね・笑）。

ではどうするのが正解か？

プレゼンの最後に、「このあとあなたにどうしてほしいのか」という、**聞き手への依頼を組み込むことで、直接に聞き手の行動を促せばいい**のです。

肝心の「鍋料理を食べてください」という言葉が、先ほどのプレゼンからはすっぽり抜けていたのです。

ちなみに、あなたがふだん接しているさまざまなプレゼンでも、このように聞き手への依頼が抜けているケースは多くあるはずです。意識して聞いてみてください。

私の先ほどのプレゼンの末尾に加えるべき「行動の依頼」を記載しておきます。これを読んで、あなたが今日、鍋料理を食べてくれたら私のプレゼンは成功です。「なるほど」と感心してください。

食べてもらえなければ、私のプレゼンは失敗です。百戦百勝のプレゼンなどないんだな、と笑ってください（笑）。

それでは、あなたの心に届くように全力を尽くしましょう。

さぁ、私は今日、愛する鍋料理の魅力をお伝えしました。なぜこんなにも鍋に熱くなるのかについて、最後にお伝えします。

あなたにもきっと、家族や友人と囲んで食べた温かい鍋料理の思い出があるでしょう。私のこれまでの鍋料理を思い出すと、いつもはできないような話も気軽にできた、そんな素敵な時間が、常に鍋とともにありました。

兄弟げんかをしながら食べたお鍋、受験勉強の合間にお母さんがつくってくれたお鍋、彼女とコタツで一緒に食べたお鍋、新しい家族と食べたお鍋……どれも素敵な思い出です。

みなさんは最近、ご家族と十分に話せていますか？　友人と語り合いましたか？　忙しい日々のなかで、当たり前の時間のなかで、大切な時間を置き去りにしてはいませんか？

私はあなたに、温かいお鍋を囲んで、ほんの少しだけ、あなたの大切な方との時間をつくっていただきたいと思い、今日貴重なお時間をいただいて、声を大にして鍋料理のお話をさせていただきました。鍋料理が、あなたの生活に彩りを与えるということを知っているからです。鍋料理だからできる、鍋料理にしかできないことがあるからです。

そして私は、あなたが大切な誰かと一緒にお鍋を囲むことこそが、鍋料理の最後の隠し味になることも知っています。ですからあなたは、今日この話が終わって外に出たら、思い浮かんだ大切な人にこう伝えてみてください。

「今日、お鍋食べない？」

「あとでいい」「また今度」ではいけません。

ましてや「冬でなければ鍋は食べない」などという型にはまった考え方は、あなたの幸せな時間を奪う理由にはなりえません。鍋料理の素晴らしさを再認識できた、いまこの瞬間はもう二度と戻ってこないのです。

この話を読み終えたら、勇気を持ってすぐに行動してください。あなたが背負うリスクは「今日、お鍋食べない?」のたったひと言です。このひと言が今日を変えます。今日の連続が未来をつくります。

約束してくれますか?

……ありがとうございます。

あなたの大切な思い出がまたひとつ増えることを、とてもうれしく思います。

鍋料理とともに素敵な時間をお過ごしください。本日はありがとうございました。

プレゼンの終了が急に訪れるのではなく、最後に聞き手に対して行動の依頼を行いつつ、余韻を持たせてクロージングするのがポイントです。

この例にはいくつかのテクニックが含まれていますので、具体的なクロージングメッセージのつくり方については、ここではまだ理解できなくても大丈夫です。

「プレゼンの最後には、聞き手に対して具体的な行動依頼を行う必要がある」ということだけ、しっかり理解しておいてください。

たったの4ステップで驚くほど簡単に話をつくれる

聞き手の理解を妨げるこうした要素を踏まえたうえで、どんな聞き手からも「簡単な話だ」と思ってもらえる「話の組み立て方」も紹介しておきましょう。この段階では、文章の構成方法として有名な「**PREP《プレップ》法**」を活用することをお勧めします。

PREP法とは、簡潔で説得力のある文章をつくるためのフレームワークです。

- **Point（結論・主張）の「P」**
- **Reason（理由・根拠）の「R」**
- **Example（具体例）の「E」**
- **再び、Point（結論・主張）の「P」**

以上４つの要素のそれぞれの頭文字をとった用語です。ＰＲＥＰ法では、これら４つの要素を順に並べることで文章を構成します。

この手法を使うメリットはたくさんありますが、私が考える最大のメリットは「**短時間で話の『結論』と『理由』を理解させられること**」です。

友人との雑談であればどれだけ時間がかかっても構いませんが、とくにビジネスでのプレゼンにおいては、限られた時間内で最大限の成果を出すことが求められます。

たとえば会議であれば、予定している時間内に議題への答えを出す必要があります。「60分では答えが出なかったから、改めて時間をとって話し合いましょう」という結論を繰り返していては、いつまでたっても話が前に進みません。

あるいは、取引先の社長に対してプレゼンを行う場面であれば、貴重な時間を割いて話を聞いてくれているのに、意味のない話を延々と続けていたら「結論はなんなのだ！」と怒られてしまうでしょう。

こうした最悪な状況に陥らないようにするためにも、ＰＲＥＰ法によって事前に話の内容をまとめておくことが重要なのです。

実際に、PREP法を用いてプレゼンの骨子を組み立てる練習をしてみましょう。

【例題】
あなたが私に対してプレゼンを行います。題材は、「お勧めの週末の過ごし方」です。
目的は、私に週末、あなたのお勧めする過ごし方を試させることです。
PREP法を用いて、提案の骨子を簡単にまとめてください。

Point ‥
Reason ‥
Example ‥
Point ‥

以下に解答例を記載してみます。
このくらいシンプルに骨子をつくったうえで、話を肉づけしていきます。

【解答例】

Point：週末のお勧めの過ごし方は、家で映画を見ることです。
Reason：金もかからず、移動する手間もなく、非日常的な体験ができます。
Example：費用はレンタル代の100円。移動時間はなし。映画のテーマに合わせて、あなたはスパイ、警察官、ヒロイン……何にでも変身することが可能です。
Point：今週末は家で映画を見ましょう！

骨子さえしっかりしていれば、最悪、それぞれの要点をひと言ずつ伝えさえすれば、何を言いたいのか大枠は理解できます。大枠を伝えたあとで、聞き手からの質問に詳細に答えていけば、十分に話の意図を理解してもらえるでしょう。

解答例に沿って、プレゼンを行う場面をもう少し細かく考えてみます。

もっとも伝えなければならないのはＰｏｉｎｔの「結論・主張」です。まずはこれを伝えます。**Ｐｏｉｎｔを伝える前にたくさん話せば話すほど、聞き手に「何を言いたいのかわか**

らない」と受け取られるリスクが高まります。とにかく先に「結論・主張」です。

次に、Reasonの「理由・根拠」を伝えます。なぜ話し手がその「主張」を行うのかが、ここで説明されるからです。Reasonが「ただ何となくそう思ったから」では話に説得力が出ません。**話のつながりを考えつつ、しっかり理由を伝えましょう。**

Exampleの**「具体例」は、時間がない場合には省略しても構いません。**具体例を出すことで、「理由・根拠」を強調するのがExampleのステップなので、時間がなければこれについては伝えずに、プレゼンの最後に「以上、何か質問はございますか?」とつけ加えてください。聞き手がもし、具体的な事例に興味があるのであれば、「実際にはどのくらい安く済むのですか?」「移動時間はどのくらいですか?」「非日常的な体験とはどのような体験ですか?」などと質問が出ます。それらの質問に対してしっかりと回答ができれば、それでOKです。

なお、あくまで伝えなくても大きな問題はない、ということであり、事前に準備しておく必要はあります。この点については間違えないようにしてください。

そして最後にもう一度、Ｐｏｉｎｔの「結論・主張」を繰り返します。プレゼンの最後に、具体的な行動を依頼することの重要性については覚えていますね？　**結局何の話だったのか、何をしてほしいのか、聞き手に再度まとめて伝え、記憶に刻み込む**ことが重要です。

以上が、ＰＲＥＰ法を用いたプレゼンの骨子のつくり方です。

実は私も、この書籍の骨子をＰＲＥＰ法を用いて作成しました。どの場面でどう使われているのか意識しながら読み進めてもらえると、書籍の構造をより明確に読み解くことができるでしょう。ほかの本を読むときも同様です。

あなたもプレゼンをする際には、ＰＲＥＰ法を活用して骨子を作成してみてください。話のわかりやすさにいちばん驚くのは、話し手であるあなた自身でしょう。

応用テクニック5

役割を使い分けて興味を引きつけ続ける

感情を揺さぶるエモいプレゼンには、「**聞き手の興味を引きつけ続ける**」ことも不可欠です。聞き手が最初は話を聞いていたけれど、途中で飽きてしまったらエモいプレゼンは実現できません。

そのためには、話し手に5つの役割が求められます。それらを全うする形で話をすることで、聞き手の興味をプレゼンのあいだ自分に引きつけて離さず、目当ての行動をしてもらうという目的を達成できます。

ここでは、話し手の役割と物語の語り方、聞き手を飽きさせないコツなど、具体的な部分にまで踏み込んで解説しましょう。

プレゼンテーターは5つの人格を持て

「話し手は素のままの自分で話すべきですか？　演じるべきですか？」という質問をよく受けます。これに対する私の答えはいつも同じで、「演じるべきです」と答えています。

素のままのほうが、聞き手により効率的に動いてもらえるのなら、素のままで話すべきですし、演じたほうが相手に行動してもらえるのであれば、そうすべきです。しかし、**総じて演じたほうが、聞き手を具体的な行動に促しやすい**ため、このように答えています。

想像してみてください。あなたが仕事でミスを犯したとします。

そのミスにお客さまが激怒しているという、非常によくない状態に陥ってしまいました。あなたは、なんとかしてこのお客さまに許してもらう必要があります。このとき、どのような話し方でお客さまに謝罪をしますか？

A：　いつもどおり、素のままの自分で「すみません」と伝える。

B：　素の自分は殺して、必死さをアピールしながらお客さまに過剰なまでの敬意を払い、深刻な表情と声で「この度は、大変申しわけございませんでした！　なんとお詫びを申し上げればよいのか……。本当に申し訳ございません！！」と大袈裟に伝える。

いかがでしょうか？　私であれば、Bを選びます。「役を演じる」ことで謝罪の気持ちをより確実に伝えられるのであれば、演じればいいと思うからです。

個人的な意見ですから、全員にこの答えを押しつけるつもりはありません。「そういう考え方もあるな」という程度に受け取ってください。

しかし経験上、**話し手は次の5つの役割を演じ分けることで、聞き手の興味を自身に引きつけ続け、プレゼンを効果的にサポートできます。**

─教育者・先生─

話し手は、聞き手に対して指導を行う「教育者」や「先生」である必要があります。聞き手の知らない知識を教える、考え方を共有するなど、相手が持っていないものを与える以上、その領域の知識においては相手にとっての「先生」でなくてはなりません。**聞き手から質問を受けた際に、「すみません、わかりません」という答えでは、相手からの信頼は得られません。**先生としての自覚と責任を持ち、教育者の役割をしっかり演じてください。

先生が断言するからこそ、生徒は安心して先生の話を聞くことができ、先生の指示に従うことができます。

―医者―

話し手は、聞き手にとっての「医者」である必要もあります。**聞き手はなんらかの課題や不満を抱えている**のです。それを解決できるのは、話し手であるあなたしかいません。

話を聞き、示唆された行動をすれば聞き手のいまの不満や課題を解消できる――そう期待して、話に耳を傾けてくれている方がいる以上、話し手には話を通じて聞き手の問題を解消する義務があります。

そのとき、あなたは聞き手にとっての「医者」でなくてはなりません。自信を持って「大丈夫です、私があなたの不満を解消して差し上げます」とカリスマ医師を演じてください。

—易者（占い師）—

話し手は、ときには聞き手にとっての「易者（占い師）」である必要もあります。

易者は相手の未来を予言し、事前に危険を回避させ、よりよい未来に導きます。

あなたは、聞き手がこのままではどのような危険に直面するかを知っています。だからこそ、あなたのプレゼンを通じて、よりよい未来を創るために聞き手の未来を予言します。

聞き手が落とし穴にはまることが事前にわかっているのであれば、それを的確に指摘してあげましょう。

—演出家—

話し手は、プレゼン全体の「演出家」として、より効果的なプレゼンを行える構成をつくる必要があります。

どうすれば聞き手が最後まで飽きることなくプレゼンを楽しめるのか、どうすれば聞き手がすぐにでも行動しようと考えるのか、これらの結果はすべてあなたの演出力にかかっています。
どんなにすごい知識を持っていたとしても、それをうまく演出し、聞き手にとって意味のあるものとして認識してもらわなければ意味がありません。「演出家」になりきり、より魅力あるプレゼンを設計してください。

―役者―

話し手は、プレゼンを聞き手に届けるための最後の媒介役として相手の前に立ちます。聞き手が興味を持てるように、信頼を感じるように、感動を受け取れるように、あなたは「役者」として、最高のプレゼンテーターを演じる必要があります。

前述の４つの役割を含めたさまざまな役割を、話し手が「役者」として演じることで、聞き手は自分にとって価値のある話を聞けるのです。

ときには「ピエロ」として聞き手を笑わせ、和ませる必要もあるでしょう。

ときには涙し、叫ぶように語る必要もあるでしょう。

すべては、聞き手が行動を起こすことでよりよい未来を創るためです。**あなたが「役者」として上手に演じることができるかどうかで、プレゼンの成否も大きく左右される**のです。

以上が、私が考えるプレゼンテーターが演じるべき5つの役割です。聞き手の興味を引きつける素晴らしい話し手は、誰もがこの5つの役割をしっかりと演じています。あなたが誰かの話を聞く際にも、この5つの役割を話し手がどう演じているか、注意して話を聞いてみると参考になるでしょう。

プレゼンでは「物語」を語れ

プレゼンは、結論だけを聞き手に伝えるだけでは成立しません。話し手としてあなたが介在することで聞き手の感情を揺さぶり、聞き手を行動に導くことではじめてプレゼンは価値を持ちます。

このとき、聞き手に感動を与えられるかどうかは、「プレゼンに物語（ストーリー）があるかどうか」に強く依存します。前述したように、人は物語に対して感情移入し、物語を記憶する性質があります。あなたのプレゼンに合わせた物語を語り、聞き手の興味を引きつけ続けることも、エモいプレゼンを実現するための必須テクニックです。

物語は、プレゼン全体のなかではPREP法のExample（具体例）に当たります。

つまり、「主張」を支える「理由」の例示です。

たとえば『桃太郎』の物語をプレゼンに使用するとしたら（絶対に使わない自信がありますが……）、次のようなテーマで活用できるでしょう。

- **顧客に想起されやすいネーミングの秘訣（例：桃から産まれたから桃太郎）**
- **部下に信頼されるマネジメント方法（例：上司自ら戦場の最前線に立つ）**
- **インセンティブの与え方（例：インセンティブとしてのきびだんごの重要性）**
- **個の力とチームの力、それぞれの重要性（例：桃太郎ひとりで鬼退治は実現できただろうか？）**

一方、たとえば桃太郎の物語を「聞き手の心を動かすプレゼン術」というテーマに活用するには無理があります。桃太郎が鬼ヶ島へ鬼退治に行ったという話とプレゼン術にはまったく関係がなく、つながりを想像できません。

ただ物語を語ればいいというものではなく、**「その物語は、どのような具体例として『主張』を支えるのか」という視点を持って、適切な物語を選ぶ必要がある**点に注意が必要です。

効果的な物語の構造についても説明しておきましょう。「物語を語る」といっても特別難しいことではなく、あなたの身の回りで起こった出来事を題材として、ストーリーを仕立てることが可能です。昔話のように長い話を語る必要もありません。1分、2分程度でも、シンプルかつ強力なメッセージを含む物語であればそれで十分です。

物語を構成する要素、あるいは「フェーズ」は大きく分けて5つあります。

①状況
②困難
③挑戦
④失敗・挫折
⑤克服

これらの5つを含んだ物語を語ることによって、効果的に聞き手の感情を揺さぶり、プレゼンに引き込むことが可能となります。

――①状況――

「昔々、あるところにおじいさんとおばあさんが住んでいました。おじいさんは山へ芝刈りに、おばあさんは川へ洗濯に行きました。おばあさんが川で洗濯をしていると、ドンブラコ、ドンブラコと、大きな桃が流れてきました。桃を割ると、なかから元気な男の子が飛び出してきました」

話の前提として、物語の状況を聞き手と共有するフェーズです。

誰にでも当てはまる抽象的な話よりも、具体的な話をするほうが感情に訴えかけやすいため、状況の詳細を丁寧に語りましょう。

桃太郎の場合であれば、おじいさんとおばあさんは子供に恵まれることはなく、貧しいけれどもふたりで仲よく過ごしていました。桃太郎は、そんななかで授かった大切な、大切な子供です。おじいさんとおばあさんの桃太郎に対する愛や期待が、細かく言葉で説明せずとも聞き手に伝わります。

そうした共感が起こるのは、事前に状況の伝達があるからです。映画でもドラマでも、そしてもちろんプレゼンでも、事前に共通の認識をつくるために「状況」を説明するフェーズは絶対に必要です。

―②困難―

「鬼ケ島に住む鬼が近くの村にやってきて、金品やごちそうを奪っていきました」

人々の安全を脅かす鬼が登場するフェーズです。

もし鬼が登場しなければ、桃太郎は普通の子供と同じように鬼ごっこをして遊び、おじいさんの芝刈りを手伝ったりしながら成長し、近くの町に出稼ぎへでも行って暮らしたことでしょう。

幸せな人生ではありますが、これでは『桃太郎』の物語になっていません。アクシデントとして鬼を登場させることで、困難な状況をつくり出すことができ、物語に聞き手を引き込むきっかけになっています。

困難を乗り越えるからこそ感動が生まれます。挑戦への前振りとして、物語には「困難」を説明するフェーズが必要なのです。

―③挑戦―

「ある日、桃太郎が言いました。『ぼくが鬼ヶ島へ行って、悪い鬼を退治します』」

悪さをする鬼を見た桃太郎は、自分が鬼を退治すると名乗りを上げます。

もしも桃太郎が、「怖いから、家から出ないように注意しよう！」と部屋に引きこもっていたら、物語にはなりません。勇気を出して一歩を踏み出したからこそ、桃太郎の物語が成立しています。いつの時代も、主人公が挑戦する姿に人々は感動し、共感するのです。

危険を顧みず自らが行動する「挑戦」のフェーズは、聞き手をストーリーに引き込み、話を先に進める重要な役割を果たします。

物語の主人公に必須の条件が、この「挑戦する姿勢」であることは言うまでもありません。

―④失敗、挫折―

※桃太郎ではとくに見当たりません。

「失敗」や「挫折」のフェーズは、挑戦の難易度が高いことを伝えるための重要な要素です。

ただ、桃太郎にはこのフェーズはありません。

完全に妄想の話になりますが、もし桃太郎の話に失敗・挫折が加わるのであれば、次のような感じになるでしょう。

「鬼があまりにも強く、桃太郎一行は惨敗し、命からがら村へ帰りました。その後3年間それぞれ修行を続け、桃太郎一行は鬼ヶ島へ再び鬼退治に行くことを決めました」

このようなエピソードが物語に加われば、欠けている失敗・挫折のパーツが補われるでしょう。**この失敗や挫折が大きければ大きいほど、のちにそれを克服したときの感動が大きくなる**のです。

桃太郎のように非常に強く、鬼に負ける気配もまったくないままに圧勝してしまうと、「本当は、鬼は弱かったのではないか？」「むしろ鬼がかわいそうでは？」などの感情を聞き手に抱かせてしまい、桃太郎の功績が過少評価されることにつながりかねません。

よって、この**「失敗・挫折」の要素は、原則的には物語に入っているほうが好ましい**と言えます。

―⑤**克服**―

「桃太郎とイヌ、サル、キジは、鬼から取り上げた宝物を大八車に積んで、元気よく家に帰りました。その後、おじいさんとおばあさんと桃太郎は、宝物のおかげで幸せに暮らしましたとさ」

「困難」を乗り越えて「挑戦」し、その後に訪れる「失敗・挫折」をものともせずに果敢に立ち向かっていった、その最後を飾る重要なフェーズが「克服」です。

原則的には、**プレゼンで使用する物語（ストーリー）はハッピーエンドとする**のがお勧めです。最終的にうまくいった話だから楽しく語れるわけで、頑張ったけれど結果としてはうまくはいかなかった、という話では「その事例を活用した行動も、同じようにうまくいかないのではないか？」という無用な不安を聞き手に抱かせてしまいます。

プレゼンで使用する物語は、感動的なフィナーレを迎えるのが鉄則です。

以上の①状況、②困難、③挑戦、④失敗・挫折、⑤克服をすべて満たす物語を、プレゼンで語ることで聞き手の感情を引きつけ、効果的に揺さぶれます。ストーリーによって聞き手の感情が動き、ドラマに胸打たれるのです。

物語を語る際にやってはいけないこととは?

また、物語を語る際によく使われるテーマとしては、「偉人の話や人から聞いた話」など自分以外の人の話と、「自分自身の経験談」の2タイプがあります。

どちらで語っても構いませんが、このときに必要なことと、やってはいけないことがありますので覚えておきましょう。

必要なのは、「その物語にあなた自身が入り込み、感動できること」です。

あなたが語る物語にあなた自身が心を動かされ、これを聞き手にどうしても伝えたいという想いがあれば、その物語が聞き手の興味を引きつけ、心を揺さぶるのは間違いありません。

一方で、**やってはいけないことは、「困難はすべて自分の力だけで乗り越えました。だから私はすごいのです」という自分自身の成功のストーリー、いわゆる「武勇伝」を語ること**

です。

これではそのプレゼンが、話し手がいかに偉大であるかを説明する自慢話にしか聞こえなくなります。もちろん、聞き手の興味を引きつけることも、心を動かすこともできません（なお、ここで言う「武勇伝」は、オープニングで行うべき「パンチトーク」とは全然別のものですから混同しないように気をつけてください）。

どうしても自分自身の成功について語る必要がある場合でも、「自分ひとりでは到底ここまで成し遂げることはできなかった。チームの助けがあったから、いまがあるのです」などと、後押ししてくれた方々に対する感謝を合わせて伝えるべきでしょう。**自分の情けない部分や弱い部分も全部さらけ出して、はじめて人の心が動き、共感が生まれる**からです。

繰り返しますが、重要なのはその物語が、プレゼンの主張を支える根拠の具体例になっていることです。**自分の主張とまったく関係ない物語を語ると、なぜその話をしたのか聞き手が理解できず、むしろ聞き手を白けさせて興味を失わせてしまいます。**

こうしたポイントに注意しつつ、あなたにしか語ることのできないドラマをプレゼンのなかに差し込んでみてください。そのときあなたは、話のエモさに聴衆の目の色が変わり、プレゼンの内容に聞き手が引き込まれていく姿を目の当たりにするでしょう。

【練習問題】

「努力は必ず実を結ぶ」という主張をサポートする物語をつくってみましょう。何を題材にしても構いません。思いつかない方は、ネットで検索して題材を探してみましょう。スポーツ選手や偉人の話など、努力の物語は世のなかにたくさん存在しています。

①状況、②困難、③挑戦、④失敗・挫折、⑤克服、の5つのフェーズに沿って骨子を書き出してみてください。

聞き手を動かせば眠らない

さらに、聞き手の興味・関心を引きつけて離さないようにするテクニックとして、**聞き手のアクションコントロール**という手法を紹介します。

これは、**聞き手に「話を聞く」以外の行動をあえてとらせることで、プレゼンの途中で聞き手が飽きてしまったり、眠くなったりするのを防ぐ手法**です。

プレゼン中、聞き手は基本的には席に座って話を聞くことになります。仮にプレゼンが30分であれば、そのあいだは寝ることも、仕事をすることも、ゲームをすることもできません(当たり前ですが)。つまり、プレゼン中の30分は、すべての時間をただただ聞くことにしか使えないのです。

しかし考えてみてください。どんな話であっても、ただひたすら30分間、一方的に話を聞き続けるのはそれほど簡単なことではありません。たとえばいまから、私があなたに「海釣りの素晴らしさ」について30分話し続けたとします。その間、質問も一切なし。私が、話したいことをひらすら話し続けるのです。私はアジ釣りが好きなので、とてもマニアックな世界にあなたを誘う自信はありますが、前提として「釣りにまったく興味がない」という場合、この30分間はもはや罰ゲームレベルの苦痛となるでしょう。

みなさんがもし、プレゼン中に聞き手に対して「聞く」ことしか許さなかった場合、同じような苦痛を与えてしまう可能性が存在します。このような事態に陥ることは、なんとしても防がなくてはなりません。

そこで、**聞き手に対して「動く・考える・話す」といった「話を聞く」以外の行動をするタイミングを、意識してつくってあげる**のです。

動く　：「このような経験をお持ちの方は、挙手してください」
考える：「いかがでしょうか？　3分、時間を差し上げますので、この質問に対する
　　　　ご自身の考えをまとめみてください」
話す　：「お隣の方に、自己紹介を兼ねて、みなさんの考えを共有してください」

たとえばこのように、話し手が聞き手に対して具体的に指示を出し、「動く・考える・話す」といったアクションをとらせることで、プレゼン全体にリズムをつくるのです。これにより、聞き手は適度に気分転換ができますから、その後も集中力を持続しやすくなる、というわけです。

どんなに楽しい話であっても、一方的な押しつけであってはいけません。話し手から聞き手へ、聞き手から話し手へ。双方向のコミュニケーションの実現が、エモいプレゼンを実現させるための大切な要素となります。

振り子の法則で感情を揺さぶる

聞き手の興味・関心を低下させないためのテクニックをもうひとつ。

次のふたつの表現を比較してみてください。ある名言を紹介するための前振りですが、AとBのどちらの紹介の仕方により興味を持ちますか？

A：本日は「みなさんの人生を変えてしまうかもしれない力」を持った言葉について、お話ししたいと思います。

B：私は、中学3年生のときに起こったある事件をきっかけに、両親のことが心の底から嫌いになりました。目を合わせることも、話をすることもほとんどないまま、高校3年間を過ごしました。当時の私は、高校を卒業したらもう二度と両親に会うことはないだろう、とすら思っていました。

ところが、たったひとりの教師との出会いによって、両親のことを許し、それどころか心の底から感謝するようになりました。

私を変えたのは、その教師から言われた、たったひと言でした。そのたったひと言が、私の考え方を、運命を変えたのです。いまでは両親と一緒に買い物にも行きますし、毎週外食にも出かけます。近所でも評判の仲よし親子です。
本日は「みなさんの人生を変えてしまうかもしれない力」を持ったこの言葉について、お話ししたいと思います。

同じ話をするにしても、聞き手の興味を引きつけてから伝えるのと、そのまま伝えるのとでは、天と地ほどの差が生まれます。当然ながら、Bの紹介の仕方のほうが聞き手の興味をより引きつけます。

Aの紹介の仕方ではいきなり本題に入っているのに対して、Bの紹介の仕方では、聞き手に対して事前に「憎しみ」と「感謝」というまったく異なる感情を両方伝えています。それによって、**感情の幅を広げてから本題に入っています**。

Bの紹介の仕方で何をしているのかと言うと、「**対極にある感情や立場を疑似体験させる**」伝え方をしています。

「対極の感情」とは、たとえば「障害と克服」「好きと嫌い」などのように、逆の意味を持つ感情のことです。

同じく「対極の立場」とは、たとえば「警察と泥棒」「神と悪魔」などのことです。

そして、この**対極の感情や立場の距離が遠ければ遠いほど「振れ幅」が大きくなり、振れ幅が大きければ大きいほど、聞き手の興味が大きくなります。**

これを、「**振り子の法則**」と言います。

実際に、振り子の法則を使った表現の例をいくつか挙げてみましょう。

「ヤンキーだった私が東京大学に合格した方法」

この表現は、普通は勉強ができない「ヤンキー」と、日本最高の偏差値の大学生である「東大生」のあいだで、真逆に立場が振れています。振り子の振れ幅が非常に大きく、印象的な表現になっています。

「ニートだった私が年収3000万円」

こちらの表現も、年収の振れ幅が3000万円あり、振り子の振れ幅が非常に大きいと言えます。

「ヤンキーが捨て猫を拾っている」

これもいいですね。怖いイメージのある「ヤンキー」と、捨て猫を拾う優しいイメージのあいだで感情の振れ幅が大きく、振り子が大きく振れています。

「6か月間ずっと営業赤字だった企業を、たったの2か月で黒字化したノウハウ」

もう説明は不要ですね。

こうした、聞き手の事前の予想を裏切るような伝え方、「振り子の法則」を活用した紹介を行うことで、聞き手の興味を高めて話の内容に引き込むことが可能となります。

あなたのプレゼンでは、どのような形で振り子の法則を活用できるか、ぜひ考えてみましょう。

クレームを事前に防ぐ

ある営業セミナーで、持ち時間をいっぱいまで使って、できる限り多くの情報を聞き手に伝えようとしたことがありました。

受講後のアンケートに目をとおすと評価も高く、受講生の多くに満足してもらえるセミナーが行えたと安心していました。

ただ、1枚だけ、評価が著しく低い受講生のアンケートがありました。

聞き手の受け取り方は千差万別ですから、ある程度は評価に幅が出るのは致し方ありません。今後の参考にしようと、細かい内容にまで目をとおして、愕然としました。そこにはこう書かれていました。

「今日のセミナーでは、私が聞きたいと思っていた内容を聞くことができませんでした」

このとき私は、はじめて「話し手が伝えたい情報を伝えるのではなく、聞き手が知りたい情報を伝えることが重要である」ということに気づいたのです。

それ以降、私はプレゼンやセミナーの最後には、必ず質疑応答の時間を設けるようにしました。**質疑応答の場で、聞き手が知りたかったけれど聞けていない内容について、補足説明を行えるようにした**のです。

しかし、質疑応答の時間をとるためには、プレゼンの本編で持ち時間をすべて使ってしまうわけにはいきません。プレゼン全体で時間を上手に配分することが重要になります

私のお勧めの時間配分は、**持ち時間の半分の時間で本編を終了させ、4分の1の時間で質疑応答を行い、4分の1の時間を残して終了する**というものです。

話し手が伝えることに一生懸命になるあまり、プレゼンの時間が予定より長くなってしまうことがよくあります。しかし実は、これこそが聞き手の最大の不満のもとです。

私の経験上、**プレゼンはどれだけ早く終わっても苦情は出ませんが、少しでも長引くと一気にクレームが増えます**。

だとすれば最初から、少し時間を残して終了するくらいに余裕を持って全体の話をまとめるほうが、メッセージも明確になり、聞き手の負荷も少なくなるのでちょうどいいのです。

プレゼンの本編では端的に内容を伝え、質疑応答にしっかり時間をとることによって、聞き手が知りたい内容に答えていく――これが理想的な時間配分です。

何も質問が出ないときには、その時点で追加補足的な内容を話すことで、時間を調整すればいいのです。いちばん怖いのは、聞き手が質問したかったのにできなかった、という事態に陥らないこと。これには十分に配慮してください。

そしてもうひとつ大切なのは、**想定される質問に対する回答を事前にしっかりと用意しておく**こと。

新規事業提案のプレゼンにもかかわらず、マーケットに関する質問に答えられない、競合サービスに関する質問に答えられない、想定されるリスクと対策が伝えられないでは、お話になりません。

事前に質問を想定しておくことで、聞き手の知りたい情報を先回りして伝えられます。結果として、それがプレゼン全体の精度を高めることにもつながります。

応用テクニック6

すぐに忘れないようにトリガーワードを叩き込む

「ボディ」のステップで素晴らしいコンテンツを聞き手に伝えることができたら、そのプレゼンは100点満点でしょうか？　プレゼンの目的をもう一度思い出してみましょう。「聞き手が聞きたいと思うコンテンツを伝え、結果として行動してもらうこと」ですね。

これを実現するには、オープニングとボディだけでは成立しません。**クロージングのステップで、聞き手の心のなかに明確なアンカー（錨）を打つことにより、プレゼンの内容を忘れられないようにする**ことも必要です。

それができれば、聞き手に行動を促せます。

聞き手の記憶に長く残るようなプレゼンでなければ、「エモいプレゼン」と言うこともできないでしょう。

素晴らしかった、では80点です。100点満点をとるために、「クロージング」ステップにおける「アンカーの打ち方」を確認していきます。

ひと言で断言する

第3章でも少し触れましたが、「クロージング」ステップの重要な役割は、「ボディ」のステップで話した内容のうちとくに重要な箇所を、整理して聞き手に再度伝えることです。

ボディではさまざまな話をすることになりますので、聞き手がプレゼンに強く共感し、納得していたとしても、込み入った話の内容を咀嚼しきれず、クロージングの時点で「あれ、結局はどういうことなんだっけ？」という状況になっていることがあります。

そこで、**最後にもう一度、ボディで話した内容の最重要箇所をはっきりと伝え、聞き手が頭のなかを整理するサポートを行います。**

次のような言葉で、最後にもう一度話を整えましょう。

> 「それではまとめます。本日お話ししました内容のポイントは3つ。AとBとCです」

「長々と話して、ようやくプレゼン終了となりますが、今日、私がお伝えしたかったことはたったひとつ。AはBである、ということです」

このとき、「友人に今日のプレゼンがどんな話だったのか説明できる」状態にまで、聞き手の頭のなかを整理することを意識してください。

たとえば、家族から「どんな話だったの？」と聞かれたとき、聞き手が答えられなければ、その人が過ごしたプレゼン中の時間は価値がなかったということになりかねません。そうならないために、自分の口でプレゼンの要点を語れるレベルまで、聞き手の理解を深めること。それも話し手の責任であると私は考えています。

そしてそのためには、**「まとめ」は長くてはいけません**。長いまとめでは聞き手は余計に混乱します。シンプルに、本質だけを伝えましょう。

- **要はどういうことか？**
- **ひと言で言うとなんなのか？**
- **結局、何が言いたいのか？**

この3つの疑問に答えられる形で、その日のプレゼンの内容をまとめ、短い文章で聞き手に伝えます。

なお、まとめのタイミングについては、**ボディのステップを話し終わったら、クロージングのステップの冒頭でまとめを伝える**というのが定番です。

またこのときには、**「まとめ」の内容さえ覚えておけば、その他の詳細は忘れたとしてもとくに問題ない、ということも合わせて聞き手に伝える**ようにしましょう。それにより、「まとめ」の内容によりしっかりと耳を傾けてもらえる効果があります。

「思い出したとき」の印象をよくする

さらに、クロージングではオープニングのときと同様に、**話し手の熱量を意識的に最大レベルまで引き上げて話す**ようにしましょう。

「終わりよければすべてよし」とはうまいことを言ったもので、プレゼンについて「あとから思い出した」ときには、その印象や評価は、（ボディやオープニングではなく）クロージングでの印象で思い出されることが多いのです（「その場」でのプレゼン全体の印象は、前述したようにオープニングでの印象で決まります）。

つまり、**記憶はクロージングで決まります**。

せっかく時間をかけてプレゼンを行ったのですから、クロージングでもう一度、「勢い」や「楽しさ」を聞き手の記憶に植えつけるようにしましょう。

トリガーワードをセットする

まだまだやるべきことがあります。唐突ですが、簡単な質問を3つしますから答えてください。

第1問　「あなたは昨日の晩ご飯、何を食べましたか？」

少し時間をとって思い出してみましょう。……思い出せましたか？

第2問　「あなたはおとといの晩ご飯、何を食べましたか？」

いかがでしょうか？　先ほどより長く時間をとって、頑張って思い出してみましょう。

第3問　「あなたは3日前の晩ご飯、何を食べましたか？」

思い出せるまで頑張ってみましょう。……思い出せますか？

お疲れさまでした。3つとも答えることのできた方はすごい記憶力です。素晴らしい！

しかし実は、今回は回答できたかどうかは重要ではありません（考えさせておいてすみません）。「何かを思い出そうとするとき、私たちはどのようにして記憶を引き出そうとするのか」を確認したかったのです。

ここで、非常によく使われる記憶の引き出し方として、「昨日が何曜日だったか、何をして過ごしていたのか思い出すことで、そこから『芋づる式』に、夕食の内容を思い出そうとする」というものがあります。

「えーっと、昨日は木曜日だから……夜に定例会議があって、帰りが遅くなったたな。家に帰ったら子供が熱を出していたんだよな。ご飯はつくってないよと言われて、自分でつくるのも面倒だから外に出て……あぁ、外で牛丼を食べた！」

こんな感じです。私のこれまでの経験では、このような方法がもっとも思い出しやすいようです。

ここで、記憶を引き出してくる際のきっかけ、芋づる式の「芋のつる」の役割を果たしている単語を「**トリガーワード**」と言います。

トリガーとは、銃の引き金のこと。それが転じて、「物事を引き起こすきっかけ」のことを指します。記憶を引き出す際のきっかけとなる単語ということです。

右の例からトリガーワードを挙げると、次のようになります。

- **「木曜日」　↓　定例会議の記憶を引き出したトリガーワード**
- **「定例会議」　↓　帰りが遅くなった記憶を引き出したトリガーワード**
- **「子供の発熱」　↓　夕飯が用意されていなかった記憶を引き出したトリガーワード**
- **「夕飯がない」　↓　外食した記憶を引き出したトリガーワード**
- **「外食」　↓　牛丼を食べた記憶を引き出したトリガーワード**

これらが、すべてトリガーワードです。**トリガーワードが連鎖しながら、細切れの記憶をつなぎ、最終的に目的の記憶を引き出した**ことがわかるでしょう。

ちなみに、何かものすごく印象的な出来事が起こっていた場合には、これほど多くのトリガーワードを持ち出す必要はなく、記憶はもっと簡単に引き出せます。

たとえば、次のような感じです。

・昨日は「長男の10歳の誕生日」
　↓　長男の好きなから揚げを夕飯で食べた、と思い出す
・おとといは久しぶりに「妻とデート」した
　↓　お気に入りの中華料理屋さんで小籠包を食べた、と思い出す
・3日前は「出張で大阪」にいた
　↓　お好み焼きを食べた、と思い出す

どれも、トリガーワードひとつだけで晩ご飯の記憶を引き出せています。

記憶はトリガーワードで引き出される！

トリガーワードなし　　トリガーワードあり

このように、**印象的な出来事をトリガーワードとして設定できれば、記憶はより引き出しやすくなります。**

みなさんに「エモいプレゼン」のクロージングで行ってほしいのは、こうしたトリガーワードを聞き手にインプットすることです。

プレゼン全体を通じて伝えたかったメッセージ（主張）と、関連性が強いトリガーワードをあらかじめいくつか用意しておき、最後にそれらの言葉を使って、あなたの主張を強く訴えます。

どのような単語がトリガーワードとして強力になるかは、主張の内容や聞き手次第なので正解はありません。しかし、「プレゼン全体を通じて、何度も繰り返し出てくる単語」が最有力候補です。

最後に一度だけトリガーワードを伝える、というのではしっかり記憶に残りません。ボディで繰り返し出てきた単語を、最後にもう一度、トリガーワードとして強調して伝えるのがコツです。

【問題】

いまからあなたが自己紹介をするとします。あなたという人物を相手にしっかり記憶してもらうために、あなたの自己紹介に対してどのようなトリガーワードを設定しますか？　いくつでも構いません。トリガーワードを考えてみましょう。

応用テクニック7

いますぐ聞き手に行動させる

7つの応用ポイントもいよいよ最後となりました。最後は、「聞き手に行動を起こさせる秘訣」です。

何度もお伝えしているのでくどいかもしれませんが、すべてのプレゼンの目的は「聞き手に行動してもらうこと」です。どんなにプレゼンがわかりやすくても、感動的でも、心が震えても、聞き手が行動しない限り未来は変化しません。

人は往々にして、努力をせずによりよい未来を求めます。勉強しないで試験に受かりたい、仕事をしないでお金を稼ぎたいなど、例を挙げれば枚挙に暇《いとま》がありません。

しかし、**何も行動せずに、いまとは違う未来を求めるのは物理的に不可能**です。

何もせずとも願っていればすべてがかなうのであれば、私も全力で願いますが、世のなかは「行動することで結果が変わり、結果の積み重ねで未来が変わる」ようにできています。

あなたのプレゼンを聞いてくれた聞き手にも素敵な未来が訪れるよう、聞き手にも行動してもらうためのテクニックを具体的に紹介しましょう。

明日という日は一生こない

いきなりですが、再び質問です（本書では、前述した「質問からはじめる」テクニックを多用していること、そろそろ気づきましたか？）。

「明日という日が、あなたに訪れたことはありますか？」

明日という日は、「今日」の翌日です。夜に布団に入り、次の日の朝を迎えました。さぁ、今日は明日でしょうか？

答えはノーですね。今日は今日であり、明日ではありません。

少し言葉遊びみたいになってしまいますが、こう考えると、明日という日がくることは一生ない、ということに気づきます。

なぜこんな話をするのかと言うと、よく「明日から頑張る」という人がいるのですが、その明日という日は残念ながらこないですよ、ということを言いたいのです。

何をするにしても、「明日からやろう」ではいつまでたっても何も起こりません。**未来を本当に変えたいのであれば、明日から何をするのか考えるのではなく、今日すぐに歩み出せる一歩を踏み出す**ことです。

プレゼン後に聞き手に行動を起こさせようとする際にも、この考え方は非常に重要です。プレゼンを聞いた直後は、聞き手の意識も高揚しているため、「よし、やろう！」という心理状態になっています。しかし、家に帰ってお風呂に入り、布団に入る頃には、高揚した意識も消えてなくなり、何も行動しないまま時間が過ぎていきます。

そうならないように、**聞き手には今日、行動を起こしてもらう必要があります**。

あなたが聞き手を行動に促す際にも、この点をしっかりと頭に入れておいてください。そして、声を大にしてこう伝えてください。

「このプレゼンを終えたら、90％の人は今日の話をすっかり忘れて、何も行動しないでしょう。あなたにはその90%ではなく、残りの10%でいてほしい。約束してください。今日、行動に移すことからはじめると」

第3章で紹介した基本テクニックです。
それを踏まえたうえで、さらに効果的に聞き手を行動に促すノウハウを、いくつか伝えておきます。

アメで釣って、ムチで脅す

人が行動を起こす理由は、ふたつしかありません。

①行動を起こすと、自分にとってよいことがある
②行動を起こさないと、自分にとってよくないことが起こる

以上のいずれかに該当する場合に、人は行動を起こします。

「誰かの幸せのために、無償で行動することもあるじゃないか」という反論もあるかと思いますが、これについても、「誰かが幸せになることで自分も幸せを感じる」という、自分にとってよいことがあるから行動するのだ、とドライに考えて話を進めてみます。

逆に言えば、このふたつの理由さえ満たすことができれば、相手を動かすことができるということです。

インセンティブ（自分にとってのよいこと）か、ディスインセンティブ（自分にとってのよくないこと）か、このいずれか、あるいは両方を、話し手が聞き手に対して示せば聞き手の行動を高い確率で引き出せます。

「クロージング」ステップで行動の依頼を行う際に、このインセンティブとディスインセンティブも合わせて提示しましょう。

> 「あなたがいま行動を起こすと、こんないいことがありますよ！」
> 「あなたがいま行動を起こさないと、状態が悪化し、取り返しがつかないことになりますが、大丈夫でしょうか？」

このように聞き手に訴えるのです。

こうすることで、聞き手は「よし、やろう！」、あるいは「まずい、行動しよう」と考えます。

なお、その際には「なんとしても行動してもらいたいのだ！」という熱い想いを持って伝えることで、より切迫感を演出できます。この点も心がけてください。

アメよりムチのほうが効果的

ちなみに、**人を動かす力の強さは、インセンティブよりディスインセンティブのほうが大きいことが多い**ようです。

もちろん人や状況によってもその強さは変わりますが、たとえばあなたが、自分の勤務先から「資格に合格したら、お給料に月額手当2万円プラスします」と言われる場面と、「資格をとらないと、お給料が月額2万円減額になります」と言われる場面を想定してみてください。

どちらのほうが、より行動しなければならないと感じるでしょうか？
恐らくは、ディスインセンティブを示した後者の説明のほうが危機感を煽り、行動を迫られる気がすると思います。

言うまでもありませんが、人間なら誰しも、自らの生命維持を最重要視して生きています。これまでは当たり前にあったものが、なくなってしまうかもしれないという危機感は、この生命維持の本能を刺激します。そのため、ディスインセンティブの伝達のほうが、より強力な効果を発揮するのでしょう。

できればインセンティブとディスインセンティブの両方を示すべきですが、時間や内容の都合でそのどちらかしか示せないのであれば、**より効果の高いディスインセンティブを優先して提示すべき**だと思います。

アクションレベルにまで落とし込んで依頼する

インセンティブとディスインセンティブを伝えることで、聞き手がいますぐ行動しようと心に決めたとしましょう。しかし、まだ最後の壁があります。

それは、**「やる気はあるけれど、何をすればいいのかわからない」という壁**です。

この壁を乗り越えるためのポイントは、**「アクションレベルにまで落とし込んで依頼すること」**。

ここで言う「アクションレベル」とは、その指示のままに行動すれば、何も考えなくてもその行動が実行できるほど詳細かつ具体的なことを指しています。

簡単な例を挙げます。たとえば落ち込んでいるときに、友人から「頑張ってね」と声をかけられることがあります。

これは心優しい声かけではありますが、「アクションレベルの依頼」ではありません。

「頑張る」とは、何に、いつまで、どのような形で取り組むことなのでしょうか？　何と比較して、どのような状態になっていれば「頑張った」状態になるのかがよくわかりません。

極端な話、自分が「頑張った」とさえ言い張れば、何をやっていても「頑張った」ことになるのでしょうか？

こんな依頼の仕方では、相手はまったく行動しません。

ただ、何か声をかけてあげようと思っただけなのであれば問題ありませんが、落ち込んでいる人を本気で行動に移させようとするのであれば、たとえば次のように「依頼」すべきでしょう。

「くよくよしても仕方ないよ、終わったことだ。

よし、今日は飲みに行こう！　いいかい？」

このように「依頼」をすれば、相手も何をすればいいのか明確です。

飲みたければ一緒に飲みに行けばよいですし、気が向かなければ断ればいい。もしかしたら、その行動の結果として少しは気が晴れるかもしれません。

「頑張れ」とだけ言われて放っておかれるよりは、明らかに行動につながりやすい、「アクションレベルの依頼」になっていると言えるでしょう。

よりプレゼンに近い例も挙げます。

営業マンが主婦に保険営業のプレゼンを行う場面を想像してください。そのなかで、今日、お客さまに行動をしてもらうために依頼を行うとします。

このとき**「ご検討、よろしくお願いいたします」と伝えただけでは、聞き手は一体何の行動をお願いされたのかわかりません。**

この依頼の仕方では、何を、誰と、いつまでに、どのように検討するのか、といった要素が一切含まれていません。これでは「検討しましたが、今回は見送らせていただこうと思います」という言葉が高確率で返ってきます。もっと具体的に依頼すべきなのです。

話をしているのが奥さんで、夫の意見を聞かなければ判断できないということであれば、たとえば「本日、旦那さまと保険に関するお話をしてもらうことは可能でしょうか？」と依頼します。

そして、その行動を本当に実行したかどうかを確認するために、「明日、再度お電話をさせていただき、旦那さまのご意見を含めて確認させてもらいたく思います。何時ならお電話差し上げてよろしいですか？」などと電話の約束もとりつけます。

ここまで行って、はじめてアクションレベルでの依頼ができたことになります。

契約できるかどうかは別の問題ですが、少なくともすぐに結果は判明するはずです。

もし、本当にアクションレベルでの依頼ができているかどうか不安であれば、一度、行動を依頼する言葉を紙に書き出してください。そして、あなた自身がその言葉で依頼をされたとき、すぐに行動に移せるかどうか、自問自答してみましょう。

少しでもどんな行動をすればよいか疑問が湧いたとしたら、それはまだアクションレベルの依頼ではありません。自分自身もまったく迷わなくなるくらいにまで、依頼の内容を具体化しましょう。

これで、7つの応用テクニックのすべてを紹介しました。

7つすべてをフル活用してプレゼンを行うことで、あなたのプレゼンがより情動的な、聞き手の感情を揺さぶる「エモい」ものになることは間違いありません。

最初からすべてを実践するのが難しくても、今日から取り入れられるものを探して、ひとつずつ実践していきましょう。行動することで、あなた自身のプレゼンスキルも上がり、結果も変わっていきます。あなたのプレゼンをどんどん進化させていってください。

第4章の ポイント整理

❶プレゼンの冒頭で違和感を演出し、聞き手の興味を引き出す。

❷質問・エピソード・結論で話しはじめる。

❸適切な指示や声かけをすれば、聞き手の感情をコントロールできる。

❹結論でボディをはじめて聞き手の理解を助け、共感させる。

❺5つの人格を演じ分けて、聞き手の興味を引きつけ続ける。

❻聞き手がプレゼンの内容を忘れないように「トリガーワード」を用意しておく。

❼すぐに聞き手が行動できるよう、アクションレベルでの依頼を行う。

第5章

「わかりやすい」話でしか人は感動しない

内容をよく聞いてみると、実はどちらも同じような話をしているにも関わらず、プレゼンをした際に、「話がわかりやすい」と評価される人と、逆に「話がわかりにくい」と評価される人がいます。

もし、あなたの話が聴衆から「わかりにくい」と思われてしまったら、その時点で「エモいプレゼン」からは大きく遠ざかります。

話の意味がすっと理解できなければ、心を揺さぶる以前の問題だからです。

とはいえ、ときには込み入った話をしなければならないこともあるでしょう。

そういうとき、どうすればより「わかりやすい」話ができるのか、私がさまざまなプレゼンを研究して出した結論をこの章では紹介します。

合計6つのポイントそれぞれの頭文字をとって、「**わ・か・り・や・す・い**」と整理しました。

この6つのポイントを押さえた話し方ができれば、あなたのプレゼンは格段にわかりやすいものとなり、エモいプレゼンの実現に大きく近づきます。

プレゼンを行う前に、この6つが網羅されているかについて、見直しておくことをお勧めします。

「わ」：笑える

すでに何度も述べてきたように、会場の空気を決めるのは話し手です。

そのうえで、私はどのようなテーマのプレゼンであっても、原則として明るく、軽やかな雰囲気でプレゼンを行うのが正解だと考えています。そのために必要なのが「笑い」です。

とはいえ、プレゼンで大爆笑が起こる場面というのは正直あまりありません。**プレゼンには、大爆笑は不要**です。

しかし、**聞き手に笑顔やちょっとした笑いが生まれるタイミングは絶対に必要**。そうしたちょっとした笑いすら起きない場合には、そのプレゼンが、話し手の独りよがりな内容となってしまっている危険性があります。

聞き手に問いかけ、微笑みかけ、会話をしながら進めていくプレゼンであれば、自然と笑いが発生するはずです。そして、そのように聞き手がリラックスした状態で行うプレゼンでは、話の細かいところまで聞き手が理解しやすいのです。

「わかりやすさ」からは少し離れてしまうかもしれませんが、ここでは、エモいプレゼンのなかでも「笑えるプレゼン」をつくるためのコツを、いくつか紹介しておきます。

何はなくともまず笑顔

少し余談になりますが、先日、私は台湾に海外旅行に行きました。

しかし、私は中国語が話せません。タクシーに乗った際に、英語がうまく通じない運転手さんでしたから、コミュニケーションが噛み合いませんでした。

ただなぜか私には、その運転手さんが非常にいい人である、ということだけはわかりました。思い返すと、恐らくは笑顔が素敵だったからそう判断したのだと思います。

このエピソードだけでは少し根拠が薄いかもしれませんが、**人の笑顔は、その人の印象を大きく左右します。**

まずはプレゼンテーター自身が、楽しそうに満面の笑顔で語りかけること。それによって、聞き手を笑顔にし、会場の一体感を醸成することがいちばん大切です。

笑顔については前にも何度か触れたので、ここでは簡単に言及するだけにしておきます。

アドリブには期待せずしっかり準備する

次に、あなたのプレゼン原稿を事前に読み直してみてください。

そして、もしその原稿のなかに、聞き手の笑いが起こるであろうと思われる箇所がひとつもなかったら、**笑わせるためのネタを意図的に仕込んでおきましょう。**

本番で、アドリブで何か気の利いたジョークを言うなんてことは、話すことを仕事にしているプロでもなかなかできない高等技術です。そんなレベルの高い難題を自分に課してはいけません。

たとえば笑いのプロであるお笑い芸人も、お客を笑わせるために、事前に会話の内容を緻密に設計し、ネタ合わせで練習も行って、どんな言葉の掛け合いをすればいいのか、細かく調整した「ネタ」で笑いを生み出しています。

人前で話すのが仕事の政治家も、大事な演説ではちょっとしたジョークを意図的に混じえ、何度もリハーサルをして原稿の細かい部分を書き直しながら本番に臨むと言います。

話すプロでも、このように事前に笑わせるためのネタを仕込んでおくのが普通なのです。笑いの素人である我々であれば、なおさら事前に計画されたネタでなければ笑いを起こせません。きっちりと、聞き手を笑わせるためのネタを事前に仕込んでいきましょう。

ただしその際には、大前提として「**プレゼン中に大ウケを狙ってはいけない**」ということを覚えておいてください。大ウケを狙って全力でボケると、うまくいくこともありますが、思いっきり滑ってしまう危険性も生まれます。これでは本末転倒です。

プレゼン中に必要な笑いは、ホームランではありません。内野安打レベルの小さな笑いをいくつか積み重ねること、それこそが大切です。

ヒットを積み重ね、その場の空気を柔らかくすることができれば大成功。渾身の一発芸のような、乗るか反るかわからないようなネタだけは仕込まないようにしてください。

具体的にどのようなネタを仕込めばいいのかについては、以下に簡単な「笑いの起こし方」を5つ挙げておきますから、これらを参考にしてください。

①テレビなどでよく耳にする流行りのキーワードを取り入れる

プレゼン本題のまじめな話と、流行りのキーワードが持っている軽いニュアンスとのあいだにあるギャップを利用すると、ちょっとした笑いを引き起こせます。

流行りのキーワードは、テレビでよく見聞きする言葉を選ぶのが順当でしょう。あまりテレビを見ない方であれば、前年の「ユーキャン新語・流行語大賞」をネットで調べてみると役立ちます。

たとえば、2018年の新語・流行語大賞の年間大賞は「そだねー」でした。これは、2018年2月に開催された平昌オリンピックで、銅メダルを獲得したカーリング女子の日本代表が打ち合わせの際に使っていたために、一躍人気になった言葉でした。

プレゼンでこの言葉を使うのであれば、「いまの話、『そだねー』って思いません?」「ねー! そだねー!」といった感じで、あまりボケたような感じを出さずに、自然な形で何回か話に組み込んでみるのがいいでしょう。

すると、そもそもあからさまにボケてはいませんので、大きく滑ることがありませんし、真面目な話を聞いている緊張感のなかに一瞬、緩みが生じることで自然と笑いが起こるはず――**リスクを抑えた笑いのとり方**ができる、ということです。

なおこの方法は、**そのキーワードの流行りがすぎてしまうとあまり笑いがとれなくなりますから、その点には要注意**です。

とくに前年の「ユーキャン新語・流行語大賞」の有効期限は半年程度なので、年後半に使うのは少しリスキーです。この場合は、そのときテレビで人気化しているキーワードを使うようにしてください。

――②ユーモアのある「たとえ」を用いて、オーバーに表現する――

これは、うまく使うと非常に効果的な方法です。①で紹介した流行りのキーワードを使う方法と同じく、表現方法で笑いをとるため、基本的に滑ることがありません。

リスクが低いうえに面白く、その後の説明も理解しやすくなるという、いわば「一石三鳥」

のテクニックです。

ポイントは、**極端ではあるけれど的を射ている表現を使って、プレゼン中に言及する物事を「たとえる」**こと。このとき、**中途半端なたとえを使わない**ように気をつけます。聞き手が、「おいおい、そこまで言わなくても……」と言いたくなるくらいで、ちょうどいいと思ってください。

たとえばプレゼンのなかで「見た目は怖いけれど性格は優しいA部長」について触れるとすれば、「A部長は、『菜食主義のライオン』みたいです！」「『映画バージョンのジャイアン』みたいな存在です」といった感じで表現します。

あるいは、A部長が来週の飲み会に参加できないと言ったときの物足りなさを表現するのであれば、「部長がいない飲み会なんて、『じゃがいもが入ってないカレー』ですよ！」「まるで『鬼がいない鬼ごっこ』です！」「『事件の起こらない名探偵コナン』みたいだな」といった感じで表現します。

このテクニックでとれる笑いは、それほど大きなものではないのですが、プレゼンではそれで充分なのです。

③誰もがツッコめる「わかりやすいボケ」をサラッと使う

これは、ここで紹介している5つの笑いの起こし方のなかでは、いちばん難易度が高い方法です。なぜなら、自ら笑いをとりにいく行為だからです。

しかし、狙いすました必殺技のようには使わずに、あくまでもサラッと、自然に使うことができれば、滑るリスクを最小限にしたうえで、比較的大きな笑いを起こすことが可能です。

ポイントは「**誰でも確実に嘘だとわかることを、さも本当のようにサラッと伝える**」こと。

誰でも、確実に嘘だとわかることが重要です。これがギリギリ「え、本当に？」と思われてしまうレベルのボケだと、笑いにはつながりませんので注意してください。

いくつか例を挙げてみましょう。

・スマートな男性に対して

↓「あれ？　もしかしてトム・クルーズさんですか？」

・身長が高いことを指摘されたときに

↓「身長ですか？　全然高くないですよ、2m40cmくらいです。まだまだ伸びています！」

・お腹が空いているか聞かれたときに

↓「ええ、空いています。ハンバーガーなら80個くらいいけます」

・緊張していることを表現するときに

↓「もう信じられないくらい緊張してしまって、ドキがムネムネしています。……あ、間違えた、胸がドキドキでした。ごめんなさい、緊張でうまく表現できなくて……」

・英語の発音を誉められたときに

↓「ありがとうございます。父はイタリア人、母はドイツ人です……嘘です」

ボケると言っても、プロの芸人さんのようにうまくボケる必要はありません。シンプルに、誰にでもわかる嘘をサラッとつくのです。

すると聞き手は、「いやいやいや……」と心のなかでツッコミを入れることが可能になります。そこに面白味が生まれるのです。

④自己紹介で自虐ネタを用いる

こちらは、比較的プレゼンにも使いやすいテクニックです。パンチトークでの自己紹介の際に、自虐系のネタを使って笑いをとる方法です。

ポイントは、**聞き手としてはなかなか触れにくいけれど、実は多くの人が気になっているであろうところに自ら踏み込む**こと。取り扱うネタとしては、外見や声、年齢、失敗談などがあります。

たとえば、次のような感じです。

「こんにちは。よく50歳と間違われますが、私はまぎれもなく30代です。間違えられると想像以上に傷つく松永です。この点は、本日の最重要ポイントとしてしっかり頭に入れて帰ってください」

「こんにちは。みなさんすでにお気づきかと思いますが、声が非常に高いので合唱コンクールではいつもソプラノだった松永です。本日はお願いいたします」

「こんにちは。スーツの色が派手すぎて、道で子供に指さされることに慣れてきた松永です。本日はお願いいいたします」

「こんにちは。先ほどすぐそこの路地から飛び出してきた猫に衝突された松永です。本日はお願いいたします」

このように、自己紹介と合わせて活用しましょう。

自分を下げることによって笑いをとる方法は、誰も傷つけることなく笑わせられますし、そのままアイスブレイクにもなります。

意外に簡単ですから、事前にあなたの自己紹介と絡めたネタを考えておきましょう。

⑤擬音語、ジェスチャーでオーバーリアクション

擬音語やジェスチャーは、表現が極端に聞こえるため笑いが起こります。

これは、なぜそうなるのか考えるよりも、使うと笑いが起こるということを実際に体験するほうが早いと思います。

大きな身振り、手ぶりで一生懸命に伝えていると、それだけで自然と聞き手の笑顔が生まれます。さらに擬音語が多いと、よくわからないけれど何か楽しいような気がしてきます。

念のために例を挙げてみましょう。

「ビチャビチャに汗をかいています」

「バッキバキの筋肉をつけたいです！」

「パッツパツのTシャツ、あるじゃないですか？」

「ガンガン焼肉を食べましょう！」

「後ろから何かがガッツンガッツン当たるんですけど」

「よく見たら、なんかペナンペナンですね」


このような表現方法や音、それ自体が面白いという、シンプルな笑いの起こし方です。

以上のような舞台裏の努力によって、プレゼン中に笑いを発生させることができたら、聞き手はリラックスし、楽しいプレゼンだったという印象がくっきり脳にインプットされます。

結果として、わかりやすかった、という感想を引き出すことにもつながるのです。

「か」：簡単

わかりにくいプレゼンを行う人には、プレゼン中に専門用語や横文字を多く使うという特徴があります。

そうすることで、本人は専門知識があることを聞き手に示すことができ、優越感に浸れるのでしょうが、聞いている人からしたら、専門用語や横文字が理解できないために、そのプレゼンが何の話なのかわからなくなってしまいます。

これでは、そもそもプレゼンのスタートラインに立てません。「エモい」プレゼンなど夢のまた夢です。

人間は、自分の理解の枠組みのなかでしか情報を受け取れません。わからない人に対して難しい話をするというのは、たとえば金魚に日本語で話しかけているのと同じ状態です。

これでは相手も困るし、こちらも時間の無駄なのでいいことはありません。**専門用語は、相手に理解できるようなたとえ話を利用しながら、簡単な例に置き換えるなどして伝える**のが理想です。

たとえば「『ドメイン』とは何ですか?」と聞かれたら、みなさんならどう説明しますか? わかったつもりでいても、改めて考えてみると、はっきり説明できないことは世のなかにたくさんあります。

『ドメイン』とは、正確な定義では「全体のなかに定義される部分領域。とくに、インターネット上に定められた部分領域のこと」です。

しかし、よほどITに詳しい人でもなければ、こう説明されてもわかったような、わからないようなあやふやな感じがするのではないでしょうか? 正確なんだろうけれども、前提となる専門知識が少ないので、イマイチ理解できないのです。

そこで、こういうときには誰もが理解できる簡単なたとえを使い、「インターネット上に存在する住所のようなもの」などと表現します。こちらであれば、多くの人がなんとなく理解・納得できるはずです。

「それでは正確な情報ではない」という反論は当然あるでしょうが、**そもそもまったく前提知識を持たない人に、厳密に専門用語を理解してもらうことは不可能**です。

完全な理解を求めたら、聞き手全員が話し手のあなたと同等の前提知識を持つ必要が出てきてしまいます。つまり、あなたがその専門領域を学ぶためにかけた時間と労力と同じだけの時間と労力を聞き手がかけなければ、本当の意味で正確な理解はできないということに……。

情報の正確さを求めた結果、プレゼンのすべてが理解不能になってしまう事態に比べれば、厳密に言えば意味合いが違うけれども、ニュアンスだけは伝わる、という状態のほうがまだマシなのではないでしょうか？

プレゼンでは、**内容や表現を簡単なたとえに置き換えて、小学生でも理解可能なレベルで話すように意識**してください。

聞き手が前提知識を持っていなければ理解できない話なのであれば、その時点で、すでにわかりやすいプレゼンではなくなっていると言えます。

「り」：理由を話す

「彼の説明は論理的（ロジカル）でわかりやすい」という誉め方があります。

プレゼンにおける論理的（ロジカル）な話し方のポイントは、「理由を話す」ことです。

たとえば、「今年の社員旅行は沖縄にしましょう」というプレゼンを行ったとします。聞き手から、「なぜそう思ったのですか？」と聞かれたとしましょう。

この質問に対して、なんと答えるかが分かれ道です。

「とくに理由はありません」と答える話し手は、論理的ではないと判断されます。なぜなら、理由のない主張を行っていて、その主張の妥当性も判断できないからです。

「3つの視点で検討しました。ひとつめは費用、ふたつめは移動時間、3つめは見所です。

ひとつめの費用についてですが、今回の社員旅行の予算総額は……」

このように答えることができれば、その話し手は論理的であると判断されます。なぜなら、主張の理由が明確で、それぞれの理由についても妥当性の検証が可能なため、主張の「確からしさ」を聞き手が判断できるからです。

このように、**「わかりやすい」プレゼンを行う際には、あなたがその主張をする理由も、同時にしっかりと述べることが必要不可欠**なのです。

的外れな理由ではわかりやすくならない

このときに1点、注意したいケースがあるので伝えておきます。

それは「理由を伝えたけれど、主張に対する理由として適切ではない」ケースです。

たとえば「朝食を必ず食べましょう」という主張に対して、挙げられた理由が「急に気温が下がったから」だったとしたらどうでしょうか？

「気温が下がる」ことと、「朝食を食べるべきである」ことのあいだには、とくにつながりを感じません。こうなると、論理的ではない、わかりにくいと判断されてしまいます。

わかりやすく主張するのであれば、その主張の内容に沿った根拠や理由を述べるべきです。たとえば先ほどの例なら、次のようになります。

理由① 気温が下がると風邪を引きやすくなる。
理由② 朝食を食べている人のほうが、食べない人よりも風邪を引きにくいというデータがある。
理由③ 受験があるので、いま風邪を引くわけにはいかない。
↓
主　張 急に気温が下がったから、朝食を必ず食べましょう。

これであれば、主張と理由につながりを感じるはず。そして、話の筋が「わかりやすい」とも感じたはずです。

エモいプレゼンを実践するためのスタートラインに立てるのです。

「や」：やるべきことが具体的

主張と理由があるプレゼンを実施したとしても、それだけでは、聞き手が抱いている「これまでとは違った状態、よりよい状態になりたい」というニーズは満たされません。

なぜなら、行動が伴っておらず、話を聞いただけでは何も変化しないからです。

何も行動しなければ、聞き手の課題が解消することもありませんし、プレゼンの本質から遠ざかります。

聞き手の行動を引き出すには、具体的に何を行えばいいのか、という話にまで落とし込む必要があるのです。聞き手がすぐに行動を起こせるよう、「何をすればこれまでとは違った状態になれるのか？」という問いに、**プレゼンのなかで明確な答えを提供**してあげましょう。

ただし、次のような表現では、聞き手がいざ行動に移ろうとしたとき、具体的には何からはじめればいいのか、見当がつきません。

「引き続き頑張っていきましょう！」
「顧客とのリレーションシップを強固なものにしていきましょう」
「コミュニケーション能力を高めましょう」

こういった抽象的な表現だと、聞き手には「わかりにくい」という不満が残るのです。

聞き手がすべきことをもっと具体的に指示し、プレゼン終了後、聞き手に「このあと、何をしますか？」と質問したら、すぐに行動の内容を答えられる状態になっていなければなりません。

そこまでできて、はじめて「わかりやすかった」「ぜひ取り組んでみようと思う」といったリアクションを引き出すことが可能となります。

「す」：数字で語る

わかりやすいかどうかを大きく左右する要素には、数字もあります。

数字を使ったプレゼンは、定量的に物事を説明できるので、聞き手にとっても非常に「わかりやすい」ものになります。

たとえば「昨年対比の売上で圧倒的な成長を遂げました！」と説明を受けたとします。あなたは、この「圧倒的な成長」がどのくらいのものだとイメージしますか？

聞く人によって想像する数値は千差万別で、イメージに差ができるはずです。

私なら、「圧倒的」と言われているくらいなので、もう聞くだけで圧倒され卒倒するような、昨年対比1000％くらいの売上をイメージしますが、130％くらいでも「圧倒的」だと感じる人もいるでしょう。

このように、聞き手によって認識にズレが生まれかねない伝え方を繰り返すと、話の途中でこのズレに気づいたときに、「あれ？　おかしいぞ？」と聞き手に違和感を持たせてしまいます。

そして、正しいと思っていた情報が間違っていた、ということになると、ほかにもプレゼンの内容に誤った情報が含まれているのではないかと不安になり、結果、「わかりにくい」という評価になってしまいます。

最初から具体的な数字を使って説明していれば、こうした事態は避けられます。

数字を使い、聞き手が脳内で具体的にイメージできるような伝え方をすることで、「わかりやすい」と言われるプレゼンが実現できます。エモいプレゼンにさらに近づくでしょう。

「い」：意味がある

聞き手は、自分にとって意味がある話だからこそ、理解しようと思って話を聞きます。まったく自分に関係のない話であれば、そもそも話に興味が持てないので聞きませんし、これでは「わかりやすい」も何もありません。

そこで、自分にとって意味がある話、自分と関係のある話であると聞き手にしっかりと認識してもらうことが、わかりやすいプレゼンへの重要な第一歩となります。

そのためには、オープニングで「このプレゼンを聞くことのメリット」、さらには「このプレゼンを聞かないことのデメリット」を伝えることが大切です。つまり、聞き手に心の準備をさせることです（第1章参照）。

その際のコツを追加でひとつ紹介しておくと、**このメリット・デメリットを一般的な話で**

はなく、「聞き手自身にとってのメリット、デメリット」にしてあげることです。

たとえば健康食品についてのプレゼンを行うとします。

このとき、「健康な生活、活力に溢れた生活ができる。そんな食品についてお伝えします」と伝えても、あまり反応は得られないでしょう。

言うまでもありませんが、これでは一般的なメリットにすぎないからです。聞き手を話に引き込むほど強烈な、本人にとってのメリットではありません。

一方で、「公園であなたのかわいいお孫さんと、大好きなサッカーを楽しめるのは、健康な体があってこそのこと……。そんな素敵な時間をぐっと延ばせる、食生活の秘訣についてお伝えします」と言えば、これは聞き手本人にとってのメリットとして認識されるでしょう。

右で述べた例より、ずっと好意的な反応を得られるはずです。孫と遊びたいのも、公園でサッカーができるのも、聞き手自身に関係する話として認識されるからです。

聞き手自信が「それなら聞きたい」と言い出すメリットを、オープニングで伝えることが

できているかが重要です。

聞き手にとって意味のあるプレゼンを行い、「わかりやすい」というリアクションを引き出してください。

以上、わかりやすいプレゼンの6つの条件「わ・か・り・や・す・い」を紹介しました。この6つの条件は、「エモいプレゼン」には必ずと言ってよいほど含まれている要素です。6つしかありませんし、語呂も覚えやすいのでここで覚えてしまいましょう。

そして、あなたのプレゼンを実践する際には、この6つのポイントに合致しているかどうかを事前に確認し、しっかりと準備をするようにしてください。

第5章のポイント整理

❶「わ」：笑える
❷「か」：簡単
❸「り」：理由を話す
❹「や」：やるべきことが具体的
❺「す」：数字で語る
❻「い」：意味がある

プレゼンを心がけましょう！

第6章

5つのアクションで感情を自由自在に揺さぶろう！

プレゼン中の表情や仕草まであらかじめ決めておく

少し思い出してみてください。

・あなたはふだん、プレゼンのときにどのような表情で話をしていますか？
・誰に対して視線を送っていますか？
・そのとき、どのような声で話していますか？
・プレゼン中の自分の動きを客観的に見たことがありますか？

自分の意見を伝える場面では、誰でも大なり小なり緊張するものです。そして、聞いている人が自分のことをどう思っているのかが気になり、余計に緊張感が高まることで、自分が何を話しているのかさえわからなくなってしまうこともあります。そうなると、そうした緊張やあがりに気をとられ、自分の表情や視線、声、仕草などについてはまったく気が回らなくなってしまいます。

しかし、**プレゼン中に聞き手が見ているのはあなたの表情であり、あなたの動き**です。**プレゼン中に聞いているのはあなたの声**です。

この視覚的・聴覚的な伝達手段を差し置いて、プレゼン中に気にしなければならない重要事項などありません。むしろ何にも増して、これらに気を配るべきだと言えるでしょう。

……とはいえ、実際にはなかなかうまくいかない、ということもよくわかります。

そこでこの章では、表情や仕草など具体的な体の動きについて、細かい部分まで踏み込んで、ノウハウを解説していこうと思います。

大して聞いていないから、失敗しても大丈夫！

本題に入る前に、知っておいてほしい重要な真実をふたつ伝えます。

ひとつめは、「**人間は思った以上に、他人に対する興味を持っていないし、他人を見てもいない**」ということ。

たとえば、今日あなたが家を出てから、最初に話をした人のことを思い出せますか？　友人でしょうか、会社の人でしょうか、取引先の人かもしれません。では、その人は何色の服を着ていましたか？　トップスとボトムス、両方答えられますか？　いかがでしょう？

偶然、強い興味を持って観察でもしていれば答えられるかもしれませんが、ほとんどの方はまったく思い出せないでしょう。と言うよりも、むしろ大した興味もなかったので、もともと見てさえいなかった、というケースが多いと思います。そのくらい、私たちは自分以外の他人に対する興味を持っていません。

そんな人間が、ほかの人が話をしている内容を、最初から最後まですべて聞いているかと言えば、答えはノーです。

話し手をしっかり観察しているかと言えば、これも答えはノーです。

聞き手は、たとえばあなたがプレゼン中に何かを言い間違えたとしても、ほとんど気にしていませんし、あなたが緊張していることにも多くの人は気づいてすらいません。

にも関わらず、話し手はなぜか過剰なくらい、聞き手からどう見られているのかを気にします。用意したセリフを一言一句、正しく言えているかどうかが気になってしまいます。

しかしそもそも、正しい原稿内容を知らない人がプレゼンを聞いているので、原稿どおりに話しているか否かを判断すること自体が不可能です。

ここに大きなギャップがあります。以上をまとめると、**あなたが緊張しているのとは裏腹に、聞き手はプレゼンのすべてを集中して見ているわけではないし、一言一句をじっくり聞いているわけでもないので、安心してどっしり構えてください**となります。

少しくらい間違えても緊張してもまったく問題ないので、肩の力を抜いて本番のプレゼンに臨むようにしましょう。

話の内容もほとんど関係ない

ふたつめの真実は、「**プレゼンは、内容よりも話し手の雰囲気によって、その善し悪しが判断される**」ということです。

先ほど伝えたとおり、聞き手は想像以上に話し手の話を聞いていません。では、何を頼りにプレゼンの善し悪しを判断しているのかと言うと、「話し手の漂わせている雰囲気」が好きか嫌いかで判断しているだけです。

反論もあるかもしれませんが、これがまぎれもない真実です。精緻なロジックを紐解きながらプレゼンを聞く人よりも、その場の雰囲気でプレゼンを聞く人の割合のほうが、はるかに多いのです。

その場にいる聴衆の過半数から、あなたに対する支持をとりつけることができればそのプレゼンは成功です。そして、**聞き手の感情を左右する話し手の雰囲気は、ちょっとした動作や表情でコントロールできます**。プレゼンを成功させることは、それほど難しくないのです。

先に決めておけば、練習もできるし焦りにくい

以上、ふたつの真実をお伝えしました。

このふたつの真実を踏まえて、プレゼン本番であがらずに、かつ情動的な「エモいプレゼン」を行うために必要となるものとはなんでしょうか？

それは、**壇上でのあなたの具体的な動きをあらかじめ決めてしまう**ことです。

本番では緊張して、頭が真っ白になってしまう可能性も想定して、次の各要素を本番の前にすべて決めておきましょう。

- **プレゼン中の表情**
- **プレゼン中の視線**
- **プレゼン中の声色と間のとり方**
- **プレゼン中の動作**

最初から決めておけば、本番で考える必要がありません。**万一、ド忘れしても体が自然に動くように、何度か体の動きも伴う形でリハーサルをしておくことが理想**です。

ここまでしておけば、「事前にすべて決めてある」ことが安心材料となって、プレゼン本番での緊張を和らげることにもつながります。

結果、あなたがプレゼンで本当にやらなければならない「自らの感情を言葉に乗せ、聞き手の感情を揺さぶる話し方に集中する」こともできるようになるでしょう。

聞き手の印象を変えるふたつの表情

では、早速ふたつ質問です。

①あなたは、プレゼン中の自分の表情を見たことがありますか？
②それを見た聞き手は、あなたのことをどんな人だと思うでしょうか？

小学生のころ、仲のいいグループの友達みんなにからかわれて、妙なあだ名をつけられたことがありました。私はそのあだ名が嫌で、友達に「やめてよ」と何度も伝えたのですが、まったくやめてくれる気配がありません。むしろそのあだ名が定着する気配すら感じました。いよいよ困った私は、ある幼馴染に相談しました。「なんで、みんなあのあだ名をやめてくれないんだろう?」と。すると、その友人は驚いた顔で、私にこう言ったのです。

「え? そうなの? 笑ってるし、てっきり喜んでいるんだと思ってた。ごめん、ごめん」

私はこのときの経験から、「周りの人は、私がとっている行動や表情といった『目で見ることができる要素』だけを頼りに、目に見えない『私の感情』を判断しているのだ」という事実を嫌というほど思い知りました。

この事実に早期に気づけたことは、私にとっては非常に有益でした。**気持ちや思いは言葉にしなければ伝わらない。感情は、表情など目に見える形で表さなければ、相手には伝わらない**ということに気づけたからです。


さて、右の質問に戻りましょう。あなたがもし、プレゼン中に緊張して硬い表情で話をしているのだとしたら、聞き手はあなたのことを「緊張しているな。自信がなさそうだな。話している内容も本当かな? 大丈夫かな?」といった目で見ています。

緊張しているように見えて、実は全然緊張していなかったり、もともとそういう顔だったりする場合にも、聞き手の反応は同じです。聞き手の受け取る情報は、「硬い表情の話し手」という意味では同じですから、反応も同じになるのです。

では、逆に笑顔で話をしたらどうでしょう？　想像がつきますよね。

聞き手は、あなたを「楽しそうで明るい人だな。話の内容にも自信がありそうだ。安心できるな」などと思うのです。

もしかしたら、その話し手は準備不足で、表情は笑顔でも内心は心臓バクバクで、足もガクガク震えている超絶緊張状態にあるのかもしれません。しかし、聞き手に見えているのは「笑顔でプレゼンしている様子」だけなので、そんなことは思いもしません。

非常に単純ですね。**話し手の表情は、このように聞き手が抱く「話し手に対する印象」や「プレゼン全体の印象」を大きく左右する**のです。

笑顔と真顔でギャップをつくる

では、プレゼン中にどのような表情をしていればいいのかと言えば、やはり「笑顔」です。

ただし、**その笑顔をより強く印象に残すには、その対極にある「真剣な表情」も必要となります**。

すべて笑顔で話すことができれば80点、笑顔と真顔が両方使われていれば100点といったイメージです。

笑顔は相手の心理的ハードルを下げ、聞き手を話に引き込む力を持ちます。一方で、**笑顔の話し手がときおり見せる真剣な表情には、「いまは本当に重要なことを言っている」という強調の力があります**。これは、表情以外ではなかなか実現することができない効果です。

実際に、あなたの笑顔と真顔を鏡で確認してみましょう。家のなかの鏡や手鏡などで、とにかく一度、自分の顔を見てみてください。

まずは「120％の笑顔」をつくってみます。思いっきり口角を上げ、目元を下げます。いかがですか？　**それがあなたの、プレゼンの際のスタンダードな表情**です。

「さすがに笑いすぎではないですか？」という意見をもらうこともありますが、大丈夫です。だまされたと思って、その表情からプレゼンをはじめてください。

さらに、本番では緊張によって若干表情が硬くなることも想定して、いつでも瞬時に120％の笑顔になれるよう、あらかじめ練習をしておく必要もあります。

そのためには、鏡の前で毎日、120％の笑顔と普通の顔を繰り返すという、傍から見たら奇行にしか見えない練習をする必要があります。くれぐれも周囲に誰もいないことを確認してから、毎日練習するようにしてください。

次に、全力の真顔です。この表情はメッセージを強調する場面で使うことになりますので、真顔でありつつも、インパクトのある表情をつくれるように工夫しましょう。

ポイントは「眉毛」です。真顔と言うと、どうしても無表情をイメージしてしまいがちですが、聞き手に見られているプレゼンの場においては、話し手は一瞬たりとも心をその場から離してはなりませんし、表情からそう連想させてしまってもいけません。だから、無表情ではダメなのです。

まずは、鏡をいつもどおりに見つめてみてください。そして、あなたの両方の眉毛を、いまの位置から5センチ上にあげてください。

「え⁉　5センチはさすがに無理じゃないですか？」という現実は気にせず、いいから5センチ上げることに挑戦してみてください。

どうでしょうか？　目が飛び出しそうなくらいに開いていれば成功です。とても素敵です。

それが、あなたのプレゼン中の真顔、強調のための真剣な表情です。

プレゼン中の笑顔と真顔

本気の真顔　　120%の笑顔

これまで笑顔で話をしていた人が、いきなりこの表情で話しはじめたら、聞き手もさすがに、何やらとんでもなく重要な話をするのではないかと、あなたの話に注意深く耳を傾けることになります。間違いありません！

おさらいをしましょう。鏡を見て、120%の笑顔を5秒。その後、全力真顔を5秒。それを5回繰り返して1セット。これを、毎日鏡の前に立ったときに、時間の許す限り何セットでも練習します。

このように極端なギャップで表情がつくれるようにしておくと、あとはグラデーションでその間にある表情をつくるだけなので、表情がとても豊かになり、慣れてくれば表情ひとつで聞き手に想いを伝えることも可能になります。
顔の筋肉のストレッチにもなりますので、営業パーソンなら営業先に伺う直前のエレベーターなどで、練習しておくのもいいでしょう。

基本は笑顔で、ポイントに真顔

プレゼンで必要な表情はふたつしかありません。120％の笑顔と全力の真顔。このふたつの表情については、使い分けが瞬時にできるくらい、練習をとおして体で覚え込んでおきましょう。

それができれば、あなたはプレゼン中の自分の表情を意識的にコントロールできるようになります。そうしたら、**そのとき話している内容に合わせて、このふたつの表情を使い分けてください**。

「聞き手は話し手の言葉を聞いているのではない。表情から話の中身を推測しているだけなのだ」というくらいの気持ちで、あなたの想いを全面的に表現できる、巧みな表情を意識してつくっていきましょう！

聞き手をプレゼンに引き込む視線の振り方

次は視線です。あなたは、プレゼン中どこを見て話をしていますか？

この質問の答えとしてよく聞くのが、「部屋のいちばん後ろの壁を見る」というものです。

私も小学生のときに、クラスの担任の先生から同じように教えてもらった記憶があります。

一概にこの手法を悪いと言うつもりはありませんが、こと「エモいプレゼン」においては、残念ながらこれはＮＧです。

理由は簡単。「**聞き手は一瞬で、あなたが後ろの壁を見ながら話していることに気づいてしまうから**」です。

私は仕事柄、講演会やセミナーなどに出席する機会が多いのですが、手元の資料とスライドと後ろの壁しか見ないプレゼンテーターに出会ってしまうと、その瞬間にまったく話の内容に身が入らなくなります。私のために話してくれていると言うよりも、もともと決まったセリフをただ暗唱しているだけにしか聞こえず、意識の高揚も感情の動きもまったく起こりません。

そうしたプレゼンならば、わざわざその場に出向いてまで話を聞く必要はありません。メールで資料をもらい、文章で要点だけを説明してもらえば済む話です。

少し話が変わりますが、あなたは音楽ライブやコンサートなどを見にいったことはありますか？　会場で行われるこうしたイベントの多くは、実はＤＶＤやブルーレイでも見られます。ユーチューブなどの動画配信サービスでもこと足ります。それなのに、なぜわざわざお金と時間をかけてまで、会場に足を運ぶのでしょうか？

それは、「場の臨場感を体験するため」です。会場の温度、空気、雰囲気、熱気、予想外の展開などを実際に体験したいのです。

プレゼンも同じではないでしょうか？　**資料や言葉だけでは伝えきれない話し手の想いを、すべての手段を総動員して届ける「プレゼント」**。それこそがプレゼンの本質です。

「あなただけに、特別なプレゼントを渡します」という状況で、その相手と目も合わせない、などという選択肢は存在しないでしょう。

つまり、**エモいプレゼンでは、話し手はしっかりと聞き手の目を見て、視線を合わせる必要がある**ということです。

会場を4つに分けて各個撃破

そうは言っても、全員と目を合わせるのは難しいですし、緊張してそれどころではない、という意見もよくもらいます。

そこで、緊張感を和らげるためにも、**まずは聴衆のなかから、あなたのプレゼンに興味を持っている「味方」を探すことからはじめましょう**。10人以下の少人数のプレゼンであれば、視線や表情から誰が興味を持っているのかはすぐにわかりますから、その人を見ながら話せばいいでしょう。

ただ、聴衆が30名以上など比較的大人数の場合には、興味を持っている「味方」をすぐに探すことは少し難しくなります。

このような場合に私がお勧めしているのが、「**4区画視線分配法**」です。

まず、頭のなかで会場の聞き手の座席を、大きく縦横4つの区画に分けます。

仮にこの区画をA、B、C、Dだとしましょう。この4区画のそれぞれで、興味を持って話を聞いてくれている人を探して、順番にそれらの人の目を見ながら話していくのがこの技法です。

実際の流れを解説します。

プレゼンのオープニングは、自己紹介によるパンチトークと高速アイスブレイクからはじまりますよね？　この高速アイスブレイクが終わるまでの時間を使って、4区画のそれぞれで、あなたの話に興味を持っていて、最後まで話を聞いてくれると思われる人を探します。聞き手全員のなかから瞬時に探すことは難しくても、細分化した区画ごとに視線を振って、そのなかからひとりずつ探すことであれば簡単です。

そしてボディに入ってからは、事前に見つけておいた興味のありそうな人に対して、順番に視線を振りながらプレゼンを進めます。A、B、C、Dと順番に、それぞれの味方に対して視線を振っていきましょう。

この状態でプレゼンを行っていると、不思議なことが起こります。**各区画内で興味がないはずだった聞き手が、話し手に妙に視線を送ってくるようになります。**

4区分視線配分法

何が起こっているのかというと、現象としては「友人に誘われて行ったライブで、歌って踊っているアイドルとやけによく目が合うので、思いがけず興味を持って見つめてしまった」という状態に近いでしょう。あなたは、その区画で興味を持っている人をじっと見つつ話しているのですが、聞き手側から見ると、このときその人の周辺の人も、あなたと目が合ったと感じているのです。これによって「あ、私を見て一生懸命話してくれている」と感じた聞き手が、新たにあなたの話に興味を持ちはじめます。

こうなるとその区画内での「味方」が増えますので、その人に対しても視線を振りながら、A、B、C、Dと順番に視線を振っていきます。まったく同じことが各区画で起こりますから、同じように、新たに興味を持った人に対しても視線を振ることを続けていくのです。

これを続けていれば、プレゼンのあいだに聴衆の大部分を味方にし、「エモいプレゼンだった！」という印象を残すことになるでしょう。

この4区画視線分配法のコツは、「**あなたの話にもともと興味を持っている最初のひとりをいち早く見つけること**」、これに尽きます。

話し手は、聞き手がプレゼンに興味を持っていないから不安になるのです。たったひとりでも話に興味を持ってくれていることに気づければ、自信を持ってそのひとりに話すことが可能となります。

味方の聞き手は簡単に共感もしてくれる

まとめると、冒頭の「プレゼン中どこを見ているのか？」という質問には、私なら「4区画のそれぞれのなかで、興味を持って話を聞いている人の顔を見ています」と答えます。

これさえできていれば、聞き手が100人でも200人でも、やることはまったく同じです。4区画それぞれのなかで、うなずいていたり、メモをとっていたり、こちらを見てくれている、興味を持ってくれた人に対して視線を送ることで、会場のなかのあなたの味方を増やしてください。

すでに味方になっている聞き手は、あなたが伝えようとしている感情に、共感してくれやすいです。そうした味方を増やすことで、大多数の聞き手を感動させる「エモいプレゼン」の実現がはじめて可能となります。

この視線の振り方は、聴衆の感情を揺さぶるための必須スキルのひとつとなりますから、ぜひしっかりと身につけて、有効活用してください。

ボディランゲージでメッセージをきっちり届ける

表情同様に、視覚情報として聞き手が取得する重要な情報が、**話し手の動作や仕草などのボディランゲージ**です。こうした部分にも注意しつつプレゼンを行えば、みなさんが伝えたいメッセージをより強調できます。

ステージ上を歩き回るのは自意識過剰

著名な経営者のプレゼンを見ていると、ステージ上を歩き回りながら話をする人がかなりいます。これをまねて、ステージ上を右に左にと歩き回りながらプレゼンをしている人を目にすることがありますが、個人的にはこれはお勧めしません。

たとえば、「右から左へ話し手が移動することによって、視覚的にも時間軸の変化を理解させる」などの意味合いがあればいいのですが、**意味もなくただ歩き回るだけでは、プレゼン内容に抑揚をつけたり、メッセージの一部を強調したりする効果は期待できません。**

また話し手が有名人であれば、聞き手は「話し手に少しでも（物理的に）近づきたい」と思っているので、聞き手にとってのメリットがあり、ぜひ歩き回るべきだと思いますが、そうでないのであれば、聞き手に視線を動かす負荷を余計に与えるだけなので、やめておいたほうが無難でしょう。

要するに、**ステージ上を歩き回るのは有名な芸能人や経営者だけに有効な手法なので、そうではない方は、無理にステージ上で立ち位置を変える必要はない**ということです。

みなさんはむしろ、「立ち方」と「手の動き」に意識を集中させてください。

「ラクな立ち方」は大抵だらしなく見える

まずは「立ち方」から確認していきます。いまからプレゼンを行うつもりで、一度その場に自然に立ってみてください。

プレゼン中の正しい立ち方

顔は下に向けず
視線を前に
胸を開いて
猫背にならない
足は肩幅に開き、
左右の足にバランスよく
体重をかける
※動画に撮って
確認をする

はい、このとき体重の重心は、どちらの足にかかっていますか？

——右にかかっているという方、左にかかっているという方、いずれも問題があります。

人は、意識していないと自分がラクな立ち方をします。この「ラクな立ち方」というのは、人によって異なります。足を交差させていたり、ひざが曲がっていたりするのですが、これが、聞き手から見ていると非常に気になってしまうのです。

自分はラクな姿勢をとっているつもりでも、周りからはだらしな

いと思われていることが多いため、いますぐに直すようにしましょう。

正しい立ち方は、**足を肩幅に開き、左右の足にかける体重を均等にした立ち方**です。

胸を開き、猫背にはならない。決して下を向かず、視線は前に向けます。下を向けば声が下に落ちるので、プレゼンが聞こえません。

正しい立ち方からは、話し手の自信を感じます。そしてプレゼンの説得力が増します。

もしあなたが、プレゼン中どんな立ち方をしているのか自分ではわからなければ、一度、リハーサルの際やプレゼンの本番中に録画してみることをお勧めします。

自分のプレゼンを自分で見るという練習方法は、プレゼンスキルを高めるには大変有効ですから、最低限一度は録画して、確認するようにしましょう。

手の動きで強調する

続いて、手の動きです。これも非常に重要です。

手の動きによってプレゼンの内容に抑揚や強調を与えることができるので、うまく活用して、プレゼンの進行をサポートしましょう。

プレゼンでマイクを使っているかどうかによっても、理想的な手の動きは異なってきますので、両方の場合を想定して練習しておく必要があります。

まず**マイクを使う場合には、「利き手の逆の手」でマイクを持つのが基本**です。

そしてこのときのマイクの持ち方は、**ヘッドの部分をあごにつけておく**のがお勧めです。

理由は3つあり、まずこの方法ならマイクと口の距離を一定に保てるため、マイクが拾う声の大きさが安定します。そして、仮に緊張で手が震えたときにも、あごにマイクのヘッドをつけていれば、少なくともマイクを持っている側の手は震えずに済みます。さらに、この持ち方は見た目がスマートです。マイクを上げたり下げたりしていると、聞き手はその手の動きが気になってしまうからです。

さて、利き手とは逆の手でマイクを持てば、利き手はフリーになります。この手を使ったジェスチャーでプレゼンをサポートしましょう。

基本的には、**意図的に手を大きく動かすことで、聞き手に具体的なイメージを持たせること**が大事です。とるべき動きには「**①メッセージを強調する動き**」と、「**②感情を表現する動き**」のふたつがありますから、タイミングに合わせてこれらの動きを行っていきます。

なお、ときどきプレゼンにはまったく関係のない、謎の手の動きを無意識にしてしまう人がいますが、これは聞き手の気が散るのでやめたほうがいいでしょう。右で示した2種類で十分です。

手の動きはあなたの感情の高ぶりを示す役割をするので、動きによって聞き手の感情が触発され、さらにエモいプレゼンの実現につながります。

―メッセージを強調する動き―

重要な箇所や、メッセージを強調したい箇所では、その話の内容に合わせて特定の手の動きを使用すべきです。これも、事前に「ここでは、このように手を動かす」とあらかじめ決めておき、何度も練習しておくことで不安なく本番に臨めるようになります。

具体的には、次ページの図のような動きをします。

メッセージを強調する手の動き

重要だと断言する

利き手の手のひらを開き、縦にして上から下に振り下ろす（人差し指だけ立てて振り下ろす場合もある）

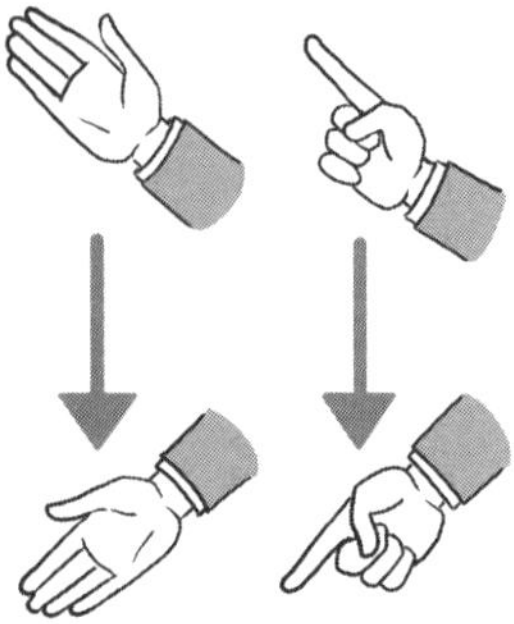

低下する、上昇する

利き手で折れ線グラフがだんだん下がっていく様子を表現する。または、だんだんと上がっていく様子を表現する

大きくなった、小さくなった

両手で大きな円を描く。または、大きな円を描いてから次第に小さな円を描き、小さくなっていく様子を表現する

進んでいった、戻ってきた

自分から手のひらをだんだん遠ざける。またはだんだんと近づける

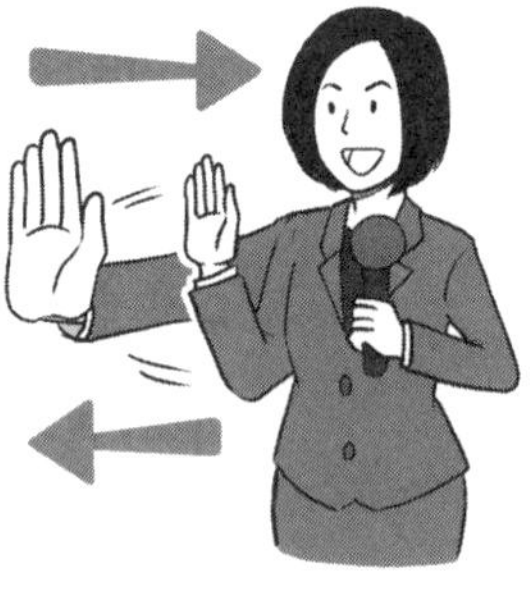

……など

感情を表現する動き

話し手の感情を、手を使って表現します。「正しい」表現の方法が決まっているわけではないので、ある程度は自由ですが、参考までに私がよく使用する動きの例を挙げておきます。

感情を表現する手の動き1

嬉しい
利き手だけで万歳する
悲しい
利き手で目を覆い、涙を隠す
驚いた
手のひらを開いて上にあげ、表情と合わせて、驚いたジェスチャーをする
決意した
胸の前でこぶしを握る

感情を表現する手の動き２

落ち着いて

胸を手のひらでトントンと叩く

安心した

胸を手のひらで上から下に向かってなでる

急いで、速く

腕を振って、走っていることを表現する

このほかにも、利き手を動かすだけで驚くほどさまざまな表現を行うことができます。どんな表現が可能なのか、ぜひ鏡の前でいろいろと試してみてください。**少しオーバーな表現をするくらいでちょうどいい**です。

聞き手も、ただ聞いているだけでは飽きてしまいますし、言葉だけで伝えようとするプレゼンテーターの話に、感情ごと持っていかれるということはあまりありません。溢れ出たあなたの感情を、あなたの動きによって表現し、熱量に溢れた共感されるプレゼンを目指しましょう。

マイクを使わない場合には？

なお**マイクを持たない場合には、利き手ではない手も利き手と左右対称に動かすか、腹部に当てておき、あまり動かさないようにするか、どちらかの方法で対応する**といいでしょう。

両手を自然に動かすのは、慣れないと少し難しいため、初心者のうちは腹部に当てておくほうを選択するのが無難かもしれません。

ただしこのとき、利き手ではないほうの手をズボンのポケットに入れてしまうと、少しぶっきらぼうな雰囲気を出してしまいます。その点には要注意です。

自然に腹部に当てておくか、ときには腰の後ろに回す、などと事前に決めておくとよいのではないでしょうか。

話すスピードと声の大きさで抑揚をつくる

続いては、プレゼン中の声の出し方について考えていきます。プレゼン中は、どのような声で話せばいいでしょうか？

私は、結論としては**「大きな声で話し続ける」ことがベスト**だと考えています。

やはり小さな声で話されるよりも、大きな声で話されるほうが聞いていても聞き取りやすく、聞き手も話し手の熱量を感じやすいため、これについては特段検討の余地はありません。

大きな声で話してください。これだけで、自信を持って話している印象を話し手に与えられるため、もしほかに何かまずい部分があってもカバーすることが可能です。

ただ、もうひとつ考えておかなくてはならない観点があります。「**プレゼンの抑揚**」という観点です。

実は、何を隠そう私自身が、プレゼンの抑揚についてはずっと課題を感じ続けてきました。爆発的なエネルギーで、強力な主張を大きな声量で伝えると、確かにインパクトや聞き手を話に引き込む力は強くなります。一方で、話に「抑揚」がなくなるという欠点があります。飽きてしまうのです。

たとえば、どんなに素晴らしい音楽だとしても、アップテンポな曲ばかりを聞き続けていると、最初はよくても次第に疲れてきてしまいます。しばらくすると、「次は、少しゆったりした曲を聞きたいな」という気持ちになることが多いでしょう。これとまったく同じ現象が、プレゼンでも発生してしまうのです。

では、どうすれば抑揚をつけた話し方をできるのか？

私が見い出した抑揚のつけ方は、**声量の大小と話すスピードの速い・遅い、この組み合わせを使って、話に緩急をつける**というものです。

次ページの図にその仕組みを示したので、そちらも確認してください。

まず**プレゼン中は、自分が出せる声量の80％くらいのボリュームで話すことを意識**してく

話すスピードと声量でメリハリをつける

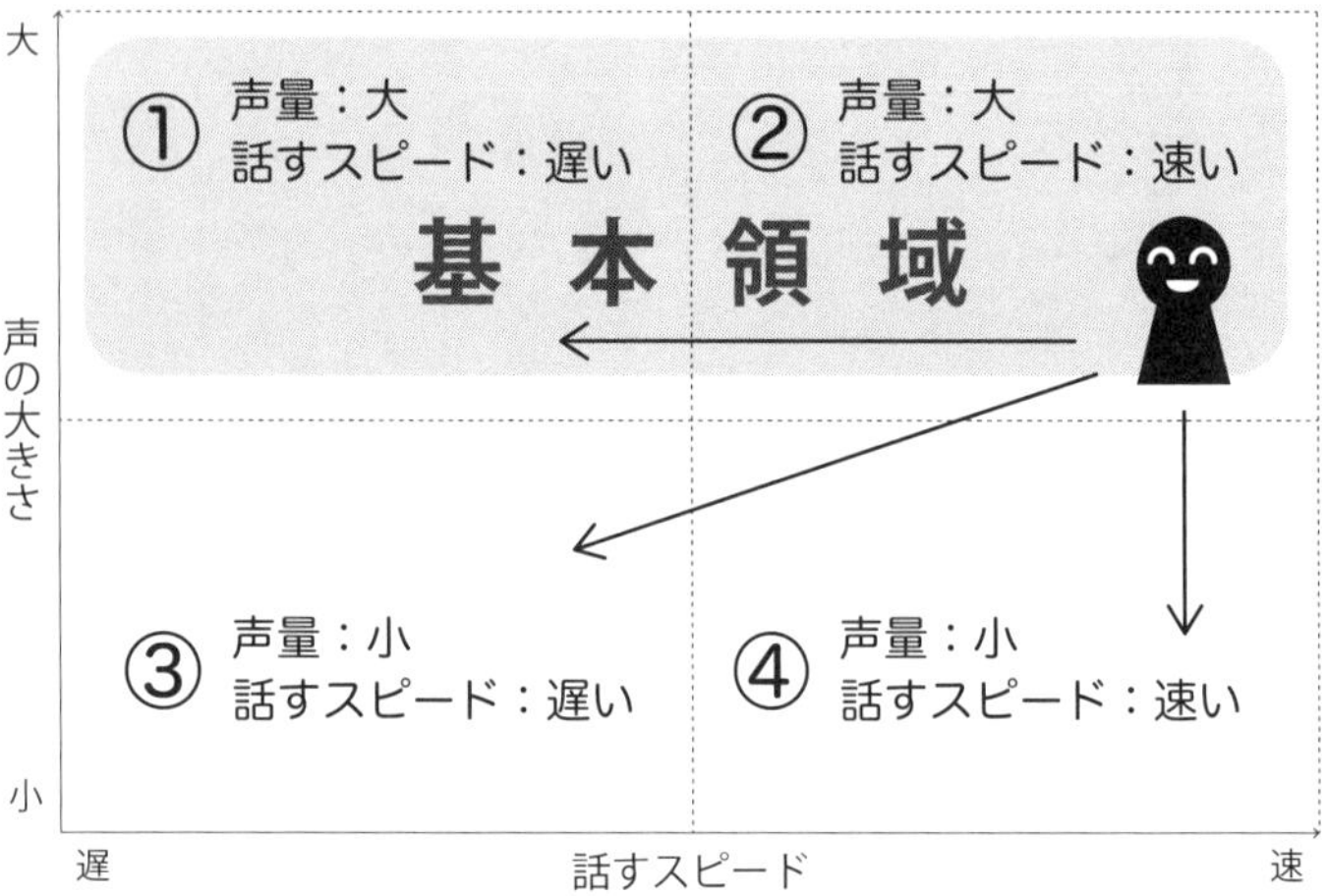

ださい。

叫び声をあげるわけではありませんが、あなたがふだん話している声量よりはかなり大きな声量を出すよう意識しましょう。

これを基本としますので、みなさんはプレゼン中、図中の①もしくは②の領域の声で話すことになります。もともと話すのが速い人、遅い人もいるでしょうから、①でも②でも構いません。

さぁ、ここからが抑揚のつけ方です。何をするのかと言うと、**自分の声の領域以外の声を混ぜながら、プレゼンを行います**。

まずは自分のプレゼンの声を録音して確認し、実際に自分は声が大きいのか、小さいのか、速いのか、遅いのかを客観的に把握することからはじめましょう。たとえば私は、大きな声で早口で話すタイプなので、②の領域が私のスタンダードです。みなさんも、自分の声の領域を確認してください。

そうしたら、プレゼン内で強調する場面や、聴衆への確認を行ってから進めたい場面では、必ず①の領域の声でゆっくり話しかけるようにします。このとき、急に話すペースが落ちるため、聞き手が違和感を持って顔が上がります。

また重要なことを話す場面では、逆に小声で耳打ちするように話します。③や④の領域です。こうすると、やはり聞き手は違和感を持ち、顔が上がります。

このようにして、声量と話す速さを組み合わせることで、プレゼンの内容に抑揚をつくることが可能になります。**これまでのプレゼンの流れとは異なる流れを生み出すことで、任意のタイミングで、聞き手に違和感を持たせる演出ができるようになる**のです。

聞き手の感情を揺さぶる話し方には、必ず抑揚があります。ときには激しく、ときには波打つように押し寄せるメッセージによって、聞き手の心を刺激するエモいプレゼンを実施してください。

話にぐっと引き込む「間のとり方」

本章の最後に、プレゼンでの間のとり方について解説します。

話すのが上手な人は、立て板に水で饒舌《じょうぜつ》に話すというイメージを持っていませんか？　しかし、本当に話すのが上手な人とは、「間」をうまく活用し、聞き手の集中を途切れさせることなく、こちらのメッセージを伝えられる人のことだと私は感じます。

たとえば学校の授業中に、先生が急に話すのをやめて、静かになったと想像してみてください。「あれ？　おかしいぞ」と思いませんか？　そして「もしかして、俺たちが無駄話をして授業を聞いていなかったから怒ったのかな？」などと不安に思い、黙って先生の表情や次の言動に注目するでしょう。

このように、「間をとる」ことには**①聞き手の注意を引き**、さらに**②聞き手に考えることを強制させる**、というふたつのメリットが存在します。それぞれ、①のメリットにつながる間を「**強調の間**」、②のメリットにつながる間を「**思考の間**」と名づけました。

これら2種類の間を活用し、あなたのプレゼンに効果的な演出を加え、さらにエモいものにしていきましょう。

―強調の間―

「強調の間」とは、**プレゼンのなかで、何か大切なことを伝える直前にとる間のこと**です。

たとえば、次のふたつのセリフを比べてみてください。


「今日の晩御飯はハンバーグです」

「今日の晩御飯は…………ハンバーグです」


話している内容はまったく同じですが、これを実際のプレゼンで行った場合、聞き手のリアクションはまったく異なるものとなります。

「…………」の間の部分で、聞き手は、「え？　何だろう……」と心構えをします。そして、聞き手の準備が整ったのを見計らって、話し手が重要なメッセージを放つのです。

野球のバッティングで、ボールをしっかりと自分の手元に引きつけたうえで思いきり振りぬく動きに似ているため、聞き手の心を揺り動かすためのこの作戦を、私は「**バッティング理論**」とも呼んでいます。

大事なので繰り返しますが、間をとることで、聞き手の興味や注意を自分に引きつけられます。そして、十分に聞き手の注目を集めた状態で、大切なメッセージを放ちます。

伝えるメッセージが重要であればあるほど、メッセージの前には必ず間をとることです。大切な言葉もサラッと伝えてしまったら、全体の話に紛れて聞き手はなんとなく聞き流してしまいます。このことだけは確実に知っておいてほしい、受け取ってほしい、という場面では、バッティング理論を活用して、「強調の間」を必ず設けるようにすべきなのです。

ちなみに間をとるときには、「心のなかで3つゆっくり数えてから、話しはじめる」のがコツです。

さらにこのとき、心のなかで3つカウントしつつ、聞き手全体を見渡すようにするとより効果的です。下を向いていた人の顔が上がったり、メモの準備をしたりする人の姿を確認し、一度笑顔でうなずいてから再度話しはじめましょう。

この「強調の間」の効果は抜群です。あまりに強力すぎて、私のプレゼンの生徒さんからは「聞き手の視線を集めすぎるので怖い」という感想をもらうことさえあります。

しかし、**聞き手から見られることは、決して怖いことではありません**。聴衆はあなたを攻撃するために見ているのではなく、あなたが何か重要なメッセージを伝えてくれるのではないかと期待して、あなたを見ているだけです。しっかりと聞き手の視線を受け止めて、これは、という強いメッセージを放つようにしてください。

―思考の間―

一方、**質問や難しい説明をした直後にとる間**を「思考の間」と言います。

これは、読んで字のごとく、聞き手が考える時間を確保するための間です。この間をきちんととらないと、あなたのプレゼンが一方通行のつまらないものになりやすいので、質問で聞き手の注意を引こうとするときなどには、しっかりと「思考の間」をとるように注意してください。

たとえば、プレゼン中の話の流れとして、次のふたつを比較してみてください。

「ちなみにこれ、何だと思いますか？　比較的多くの方が知っていると思います。答えは携帯電話です」

「ちなみにこれ、何だと思いますか？　…………どうでしょう……………はい、では聞いてみましょうかね。いちばん前の女性の方、お願いしてもよろしいでしょうか？　はい、ありがとうございます。携帯電話、正解です。拍手！」

何が違ったでしょうか？

質問をすると、人は自然と答えを考えはじめます。「昨日、夕ご飯に何を食べましたか？」と聞かれると、実際に言葉に出して答えるかどうかは別として、脳はその答えを考えたくなってしまうのです。しかし、この質問にまったく考える間を与えずに、プレゼンテーターが話を先に進めてしまったら、どうなるでしょうか？

聞き手に、とくに考える必要はありませんし、考えなくていいですよ、という暗黙のメッセージを伝えることになってしまいます。また、**質問に対して自然に考えはじめている聞き手の思考を妨害する**ことにもなります。思考の妨害をされると、ちょっとしたストレスを聞き手は感じますし、考える必要がないなら、そもそも質問する必要があったのか？　という感覚が発生してしまいます。

第4章でも伝えたように、話し手からの質問で話をはじめる手法は、聞き手を話に引き込むための大変使いやすいテクニックのひとつです。聞き手が主体的にプレゼンに参加しているという双方向感や、プレゼンに聞き手も参加している一体感を醸成することが可能です。

それなのに、質問の間を与えずに一方的にプレゼンテーターが話し続けてしまうと、聞き手はただそこに座って、うなずいているだけの状態になってしまいます。

これでは、せっかくの質問が死んでしまいます。

また、難しい説明をした直後には、聞き手が「?」という表情をしていたり、首をかしげていることがあります。

この場合には、聞き手が話の内容についてきていない可能性がありますから、いったん「思考の間」を確保したうえで、「ここまで、OKですか?」「あれ、わかりにくいですね?もう1回説明しましょうか?」などと必ず質問し、相手のリアクションを確認したうえで、必要であれば再度説明をするようにします。

話す内容が難しければ難しいほど、相手の理解を待つために多めに「思考の間」をとるようにして、話についていけない人をできるだけ出さないようにしましょう。そうした難解な内容のプレゼンでは、通常よりも話すスピードも遅くし、間も多くとる必要があるということです。

プレゼンは、話し手が主役で、話し手さえ頑張れば成功するというものではありません。あくまでも「聞き手に行動してもらうこと」がゴールです。つまり、**聞き手と一緒につくり上げるのがプレゼン**です。

聞き手は「敵」ではなく、ともに前進していく「仲間」です。

そう考えれば、相手が思考する時間を確保するための気遣いである「質問の間」は、必然的にしっかり確保することになるでしょう。

無音動画でもエモさが伝わるかチェックする

この章を通じて、みなさんは聞き手の感情を揺さぶる5つの動き、ボディランゲージを理解しました。
①表情、②視線、③動き、④声、⑤間の5つです。

もう一度これら5つの内容を確認し、いつでもこれらの動きが行えるよう、練習をしておいてください。これらをマスターしておけば、プレゼンに限らずあらゆるコミュニケーションの場面で活用できるはずです。

最後に、これら5つのボディランゲージをうまく使えているか、自分で判定するための方法も紹介しておきましょう。それは、「**プレゼンを録画し、音量をゼロにした状態で見る**」ことです。無音の動画からでも、話し手の感情や想いが伝わってくれば合格です。

エモいプレゼンテーターは、その視線や立ち居振る舞い、表情からでもビシビシとメッセージが伝わってきます。非言語コミュニケーションだけで、話し手のエネルギーを伝えられるのです。

あなたも、そうしたエモいプレゼンテーターへの道を歩みはじめています。その技に、さらに磨きをかけていきましょう。

第6章の ポイント整理

❶聞き手の話し手に対する印象は、120％の笑顔と全力の真顔でコントロールできる。

❷「4区画視線分配法」で会場全体を味方にできる。

❸手の動きでメッセージを強調したり、そのときの感情を表したりできる。

❹話すスピードと声の大きさでプレゼンに抑揚をつけられる。

❺「強調の間」と「思考の間」をきっちりとること！

第7章

いよいよ本番！直前準備のポイントはこれ

いよいよプレゼン本番が間近！　そんなとき、慣れないうちは「何から準備しよう？」と困ってしまうこともあると思います。

そこでこの最終章では、実際にプレゼンが決まってからの事前準備や、トレーニングなどをどのように行えばいいのか、その大まかな流れについて解説します。

事前準備は時間を長くかければかけるほどしっかり用意できますから、自分がプレゼンをしなくてはならないことがわかっているのであれば、**1か月以上前から準備をはじめるのが理想**です。

ただ、明日、クライアントに大事なプレゼンをしなくてはならないことが今日、突然決まったというような状況もあると思います。その場合にも、**事前に準備すべきことは、基本的には長い準備時間がある場合と同じ**です。事前の練習に割ける時間は短くなりますが、限られた時間のなかであっても、手を抜くことなく全力で取り組んでください。

私はよく、「**プレゼンは事前準備で9割決まる**」と話しています。そのくらい、事前準備は重要です。

さぁ、「エモいプレゼン」の集大成として、最後の章に突入していきましょう。

「このプレゼンで世界を変える！」と決意する

あなたのプレゼンの目的は何ですか？

「聞き手を行動させること」、でしたね。

では、なぜ聞き手を行動させる必要があるのでしょうか？

やみくもに相手をコントロールしたいだけではないはずです。たとえば、新商品の営業プレゼンであれば、その商品を通じて未来の顧客の課題を解決したい、という多くの制作スタッフの想いがあり、あなたがその想いを背負ってプレゼンを行っています。

そこには、顧客の生活を変え、プロジェクトに関わってくれた人たちの願いを叶えるという、重要な目的があります。

どんなプレゼンにも、そのプレゼンを通じて叶えたい夢や希望があるのです。

そして、**あなたのプレゼン一発で、その未来をつくる**のです。

私は、プレゼンを行うとき、「私が世界を変えるんだ！」という想いを持って壇上に立っています。

これは大げさでも何でもありません。私は大した人間ではありませんし、世界に大きな影響を与えるような、これといった力もありません。ネット上で大きな影響力を持つインフルエンサーでもありません。

それでも、いま目の前にいる人たち、私の声が届く範囲の人たちの未来に少しでも影響を与えるプレゼンができたならば、もしかしたら1ミリくらいは「世界を変える」ことができるんじゃないか、と考えています。

「たかがプレゼン」なんて思わないでください。あなたのプレゼンで救われる人がいます。希望を持てる人がいます。一人ひとりのプレゼンテーターが、「世界を変える」という強い想いを持ってプレゼンをすれば、もっともっと素敵な世界が創れるはずなのです。ひとりの人間の力は小さなものですが、決してゼロではありません。

このように、**どんなプレゼンにおいても、まずは「今回のプレゼンで、少しでも世界を変**

えるんだ！」という強い想いを持ってください。

その強い想いこそが、魂が乗った言葉の連鎖につながります。「エモいプレゼン」をつくる原動力は、あなたの魂に灯った炎から生まれる熱なのです。

そして、覚えておいてください。

あなたが、本気で目の前の人の魂を揺さぶるプレゼンをしたいと思うのであれば、その会場で誰よりも熱く魂が震えている人物は、あなた自身である必要があります。

感情は連鎖します。**感情のエネルギーは、高いところから低いところへと流れていきます**から、話し手であるあなたの熱量を聞き手に流し込むためには、あなた自身が、その場でもっとも強い情熱・想いを持っていないといけないのです。

あなたの熱量や想いを、聞き手に連鎖させましょう。聞き手が感動し、涙するような「エモいプレゼン」は、話し手本人がそのプレゼンで感動し、泣くことができるような場合に実現します。本気でエモいプレゼンを実現したいのであれば、プレゼンに込める自分の想いを、そこまで高めるようにしていきましょう。

メインメッセージとストーリーを原稿に落とし込む

プレゼンにかける意気込みを高めたら、次にプレゼンの内容を原稿に落とし込みます。

すでに述べたように、全体の構成はオープニング、ボディ、クロージングの3段階で構成し、すべてを文章にしていきます。

このとき、**実際に今回のプレゼンを聞く人が、何に困っていて、どうなりたい人なのかを想像しながら書き進めてください**。

また、つい丁寧な書き言葉で作文をしがちなのですが、**必ず話し言葉を使い**、本番を想像しながら文字起こしをしていきます。

「はい！　みなさんこんにちは！　（……こんにちは……）

ありがとうございます。ただいまご紹介いただきました松永俊彦です。今日はお招きいただきありがとうございます！

それにしてもすごい建物ですね！　あまりにも厳《いか》ついエントランスなので、入るのにドキドキしましたけど、みなさんもこれ、最初ビビりませんでした？（……笑い……）」


このように、オープニングでのフックとなるネタや、笑いが入る間などもすべて原稿に落とし込みます。

ドラマの脚本・原稿を書いているつもりで進めましょう。あなたがプレゼンの脚本家であり、役者なのです。自由に書いて構いませんし、その脚本を演じるのもあなた自身です。

事前の原稿作成にはメリットばかり

こうして、事前にしっかり文章で原稿を書いておくことで、プレゼンの成功確率は大幅に上がります。**プレゼンの原稿を事前に準備することには、多くのメリットがある**からです。

たとえば、プレゼンのメインメッセージやストーリーを可視化できます。「ここの説明がわかりにくいな、ここのストーリーはくどいな」といったことに気づくためには、頭のなかにあるプレゼンを、一度すべて紙に書き出して可視化することが必要です。

また、メッセージやストーリー、ネタなどが不足している箇所も事前にわかります。原稿化の時点でもし言葉が出てこないのであれば、先に確認しておいてよかったと思って、むしろ喜びましょう。準備不足のまま当日を迎えていたら、壇上で言葉に詰まって、そのプレゼンが間違いなく失敗に終わるところでした。

さらに、原稿があれば「これさえすべて暗記できれば、本番は絶対にうまくいくのだ」という精神的な安心材料にもなります。原稿を何度も読み込んで暗記すると、プレゼン全体のイメージが見えてきて、余計な心配から解放されます。

さまざまなメリットがありますから、多少面倒でも、事前にきちんとした原稿をつくっておくことは欠かせないのです。

本番で原稿から外れても誰にもわからない

なお、プレゼン本番で、事前に決めた原稿の内容を間違えてしまうことを、すごく不安視する人がたまにいますが、実際にはプレゼンであなたが原稿を間違えたのかどうかは、聞き手には判断できませんから安心してください。

聞き手は原稿を手にしてプレゼンを聞いているわけではありません。「あっ、いまのところの言い回し、ひと言抜けていたぞ」と気づくことはできません。

暗記すれば大丈夫という安心感はあっても、間違えたらどうしようという不安は持つ必要がないのです。

事前に原稿をつくり込んでおくことには、プラスはあってもマイナスはありません。安心して取り組んでください。

本気の練習をする

本番に向けた意気込みを持ち、原稿も準備できたらいよいよ練習を開始します。

ときどき「プレゼンが上手な人は、何の準備もなしにいきなりうまく話すことができるんでしょ？」という夢のような想像をしている人がいますが、決してそんなことはありません。

いつもまったく同じ話をするのであれば、何も考えることなく話せるかもしれませんが、コンテンツが変われば細部の勝手も変わりますので、どんなに話すのが上手な人であっても、必ず事前準備をしています。いや、むしろ**上手な人ほど、より綿密に事前準備をしている**と言ってもいいでしょう。

では、私がお勧めする必勝練習法を伝えます。

それは、「**本番となるべく近い環境で練習して、その様子を録画する**」というものです。

シャドーを行う際のポイント

1. 練習場所はレンタルスタジオやカラオケボックス、会議室など（レンタルスタジオがとくにお勧め）
2. 練習前に原稿は丸暗記しておく
3. 本番と同じように「とおし練習」を行う。途中でミスしてもやり直さない
4. 毎回動画を録画し、細かい部分を修正していく
5. 可能であれば現場の下見を行い、現地でも練習する
6. 所要時間も意識しておく
7. できるだけ他人に見せて、フィードバックをもらう

こうした形での練習を、私は「**シャドー**」と呼んでいます。

練習する場所は、広い会議室やカラオケボックス、レンタルスタジオなどを使用します。いちばんお勧めの練習場所はレンタルスタジオです。バンドやダンスの練習で使用するのが一般的ですが、1時間1000円程度で利用でき、大きな鏡があり防音設備も完璧。マイクも使えます。すべての条件が揃っているため、私もレンタルスタジオを利用することが多いです。

またこのときには、**前提として、原稿に書き起こしたすべてのセリフを事前に暗記しておきます**。暗記方法はどんなものでも構いませんが、とにかく完全に暗記しておくことが

必要です。原稿がうろ覚えの状態では、シャドーは本来の練習効果を発揮しないからです。

いざ、シャドーの練習では、実際の本番と同じようにプレゼンを何度も行います。頭のなかで聴衆のイメージを思い浮かべ、ここまでに述べてきたさまざまなテクニックやボディランゲージも、可能な限り活用するようにします。

そして、その様子を毎回録画しておき、実演後にチェックします。実際に自分がどのように立ち、どのように視線を動かし、どのように声を出し、どのように間をとり、どのように動いたのかを確認するのです。

自分が話している場面を自分で見るというのは、なかなか貴重な体験でしょう。想像以上に多くの学び・気づきがあるはずです。

私自身、この練習と録画のチェックを通じて、「話すのが速いな」「間のとり方が短いな」といった細かい気づきを多く得てきました。みなさんも、**自分のプレゼンを客観的に見て、足りていないところを時間の許す限りひとつずつ修正していってください**。

シャドーを何回か繰り返すことで、プレゼンの完成度が目に見えて上がっていくのが実感できるはずです。

現場で練習できるならそれがベスト

なお、事前にプレゼンをする場所がわかっている場合には、**可能であれば下見を行い、さらに可能であれば、その場での練習もしておくといい**でしょう。研究発表などの会場では事前の練習までは難しいことが多いでしょうが、ビジネスでの商品提案のプレゼンなどでは、自社の会議室で行うようなことも多いはず。そういう場合には、ぜひ現場での事前練習をしておいてください。

4区画視線分配法を思い出し、実際に聞き手がいることを想像して、視線を振る練習もしておきましょう。本番同様の緊張感を持って練習し、仮に途中で間違えても撮り直しをせず、**必ずすべてとおしでプレゼンを行います。**

本番では、間違えてもやり直しはできませんよね？　まったく同じ状況で練習するのです。

合わせて、**自分のプレゼンの所要時間も計っておきます。**こうすることで、「このくらいのペースで話すと15分かかるのか」といった体内時計をつくることが可能です。

場合によっては、**このシャドーの練習を誰かに見てもらい、フィードバックをもらう**のもいいかもしれません。適切なフィードバックができそうな人が身近にいるのであれば、一度、練習の様子を見てもらうことも検討しましょう。

何度も何度も、本番を想定した練習を繰り返すと、本番でも、練習しているときのような比較的リラックスした感覚で話せるようになります。逆に、**練習でできなかったことが、本番で急にできるようになることなど絶対にありません**。

練習の段階で100%の状態にまで仕上げることを目指して、全力で練習すること。事前の練習は決してあなたを裏切りませんし、大きな自信にもつながります。時間の許す限り、頑張って練習するだけです。

やりきったという安心感を持つ

本番当日、プレゼン直前には誰でも緊張するものです。まったく緊張しないという人もなかにはいますが、それは極めて稀《まれ》でしょう。私を含め、やはりある程度は緊張してしまいます。

これはスポーツ心理学の世界では有名な話ですが、**適度な緊張は当日のパフォーマンスにプラスの影響を与え、過度な緊張は逆にパフォーマンスの低下につながる**そうです。となると、いかにして緊張をコントロールして、適正な範囲内に収めるか、という点が課題になってきます。

それには、プレゼン直前に自分に次のように問いかけることが役立ちます。

「このプレゼンの準備で、何かやり残したことがあるか?」

本書を読んできたあなたなら、ここまでの段階で、プレゼンに対する事前準備は十分に整えています。メンタル面も整えて熱い情熱を持ち、原稿もつくり込み、シャドーの練習も繰り返しているはず。この問いに対して、自信を持って「ないです。すべてやり尽くしました」と言える状態をつくるために、事前準備を行ってきたはずです。

こうして、**「できることはすべてやりきった」と言えるようになるまでに費やした、事前準備への時間と労力こそが、あなたのプレゼンへの不安や緊張を和らげてくれるいちばんの支え**です。

本物の努力は、あなたのことを絶対に裏切りません。いまできることを徹底的にやり尽くせば、結果はあとから勝手についてきます。あなたがいまやらなければならないことは、「やり残したことはない」と断言できるまで、事前準備をやり抜くこと以外ないのです。

この**「すべてやり切った」と言える心理状態になることこそが、プレゼン本番直前の緊張感を、適正レベルにコントロールする最高の方法である**と考えています。

安心してください。あなたはほかの誰よりも多くの時間、多くの準備に取り組みました。そんなあなたが、軽い気持ちでプレゼンに取り組んでいるその他大勢に負ける理由がありません。あとは、準備したことを当日出しきることに専念すれば大丈夫です。

なお、準備時間の不足などで、万が一「まだ、やり残しがある」と思えるようであれば、プレゼンがはじまるまでの時間を使って、でき得る限りの事前準備を行いましょう。

頭のなかで聞き手をありありとイメージし、想像上の彼らに語りかけるつもりで、時間の許す限り覚えた原稿を口に出して練習します。

こうすることで、多少なりとも緊張感を和らげることができるはずです。


以上で、プレゼン直前の準備も完璧です。

さぁ、これで私に伝えられることは、すべて伝えました。ここから先は、あなたひとりで進む道です。

でももう大丈夫。あなたが最高に「エモい」プレゼンを実現できることを、私は信じています。

不安になったら何度でも本書を開いてください。あなたのエモいプレゼンを拝見できる日を、心から楽しみにしています。最後までおつき合いいただき、ありがとうございました。

第7章のポイント整理

❶感情のエネルギーは、その場でもっとも高い人から低い人へと流れるため、話し手がもっとも熱い情熱や想いを持たなくてはならない。

❷話し言葉でプレゼン全体の原稿を作成し、過不足を確認する。

❸レンタルスタジオやカラオケボックスなどを使って、とおしのリハーサルと動画撮影を行い、何度も確認して完成度を上げる。

❹直前の緊張は、これまでの練習を思い出して適正な範囲内に収める。

おわりに

いよいよプレゼン本番を迎えました。今日まで万全の準備を行ってきたあなたは、少し緊張した面持ちで会場にいます。緊張で頭が真っ白になるいつもの状況とは違い、今日は伝えたい想いを自分自身でしっかり把握できています。セリフ、動き、表情、立ち位置、すべてを計算し尽くしているため、心に余裕があります。

「しっかり準備しておいてよかった」

そうつぶやきました。さぁ、いよいよあなたの出番です。聴衆の視線を浴びたあなたは、プレゼンの冒頭でひと言こう伝えました。

「本日はありがとうございます」

あなたは、プレゼンを成功させるために、今日まで念入りな準備に取り組んできました。

しかし、どんなプレゼンもひとりだけの力で成功させることはできません。あなたの想いを伝えたい人たちが、目の前で話を聞いてくれるからこそプレゼンは成立します。

誰かがあなたの話を聞いてくれるということは、聞き手にとってもっとも貴重な資源、時間をいただいているということです。その点に感謝したのです。

また、あなたはプレゼンの準備のために、周りの人からの協力も得ました。

原稿を確認してくれた会社の上司、家での作業を応援してくれた家族、資料を作成してくれた同僚、誰かの協力なしでこのプレゼンを成功させることは無理な話だったはず。あなたの周りにいる人たちへの感謝の想いが溢れました。

そして、あなた自身もとてもよく頑張りました。

できれば人前で話すことなく、緊張などせずに生活していきたかった。しかし、避けることができない道だから、精一杯の努力と勇気を持っていまそこに立っています。そんなあなた自身に、自ら感謝の言葉をかけました。

さぁ、ここからどんな感動的なプレゼンが飛び出すのか？

聞き手の心をつかんで離さないエモいパフォーマンスが生まれるのか？

それは、あなた自身の眼で、しっかりと確かめてきてください。

すべてのビジネスパーソンのプレゼンスキル向上によって、日本が元気になるように。
そして、世界が一人ひとりの夢や挑戦で溢れるように、願いを込めて筆を置きます。

また会いましょう。

最後まで読んでいただき、ありがとうございました。

（終）

読者限定特典

「聞き手の感情を揺さぶるストーリー」を語るコツ

紙幅の都合で泣く泣くカットした上記の原稿を、読者限定特典としてネット上にアップロードしてあります(PDFファイルです)。以下URLにてダウンロードできますから、ぜひアクセスしてご利用ください。

https://sugoi-presen.com/free/present

合言葉： エモプレ

【ご注意】

・この「読者限定特典」は、上記ウェブサイトでのみ配布致します。インターネット閲覧環境がない方はご利用できませんので、あらかじめご了承ください。また、ダウンロードに際しては上記パスワードの入力が必要です。

・上記の「読者限定特典」の閲覧には、Adobe Acrobat Reader などの PDF データ閲覧用ソフトが必要です。Adobe Acrobat Reader は、Adobe 社のサイトで無償で入手できます。

・上記の「読者限定特典」は事前の予告なく終了する可能性があります。株式会社すばる舎は、上記特典サイトのアドレス変更、公開中止等の場合でも、それを理由とした書籍の返品には応じませんのであらかじめご了承ください。

・上記「読者限定特典」は著者の松永俊彦氏が独自に提供するものであり、その内容について株式会社すばる舎にお問い合わせをいただいてもお答えできません。あらかじめご了承ください。

【著者略歴】　**松永 俊彦**（まつなが・としひこ）

すごいプレゼン™ 代表 プレゼンコーチ

1983年4月23日生まれ。

中学生時代、高校へ進学せずに料理人になることを志すが、強制的に通わざるを得なくなった塾で15歳のときに人生を変える教師との出会いがあり、高校進学を決意。

大学卒業後、就職活動は一切行わず、中学生のときに通っていた塾で教師になることを決めた。

15歳のときに出会った教師のように、自分の言葉で生徒の心を動かし、人生に影響を与える存在になることを志し、同塾の教師として教壇に立つ。

学生時代から、教師になることを前提に、効果的なプレゼンテーションに関する研究を重ね、独自に体系化したHigh Performance Presentation Method（以下、HPPM）を活用し、入社初年度から生徒支持率（※）95％以上という驚異的な成績を誇り、多くの生徒を地域トップ高校をはじめとする難関校合格へと導いた。学力だけにとどまることなく人間力を成長させる指導は、生徒、保護者から絶大な支持を得た。

その後、教師育成だけにとどまらず、一般企業研修、営業指導などビジネスの領域でもHPPMの効果を実証し、セミナーや研修を通じて世の中に輩出した生徒数は500名を超える。

本書が初の著書。

※毎年受講生徒を対象に実施される、講師評価アンケート
1). もう担当講師の授業は受けたくない、2). どちらかというと担当講師の授業は受けたくない、3). どちらとも言えない、4). どちらかというと担当講師の授業を受けたい、5). 今後も担当講師の授業を受けたい、の5段階評価が行われ、5) の評価取得率によって授業のコマ数や、担当校舎数が変動する

すごいプレゼン™
URL　http://sugoi-presen.com/
mail　info@sugoi-presen.com

感動させて→行動させる
エモいプレゼン

2019年 7月14日 第1刷発行

著　　者――松永 俊彦
発 行 者――徳留 慶太郎
発 行 所――株式会社すばる舎
〒170-0013 東京都豊島区東池袋3-9-7 東池袋織本ビル
TEL 03-3981-8651（代表） 03-3981-0767（営業部）
振替 00140-7-116563
URL http://www.subarusya.jp/
装　　丁――西垂水 敦（krran/カラン）
イラスト――下田 麻美
印　　刷――中央精版印刷株式会社

落丁・乱丁本はお取り替えいたします

ISBN978-4-7991-0822-2